철학의 근본 문제

유물론 대 관념론

역사적 갈등

철학의 근본 문제
유물론 대 관념론
역사적 갈등

타카다 모토무 지음 | 최미선 옮김

책갈피

차례

4장 부르주아 혁명 시대의 철학

5장 과학적 세계관의 등장: 마르크스주의 철학의 형성

일러두기

1. 이 책의 원서는 高田求, 『世界観の歴史 - 唯物論と観念論のたたかい』(学習の友社)다. 원서의 초판은 1974년에 나왔고, 번역의 대본으로 삼은 것은 1989년에 출판된 것이다.
2. 인명과 지명 등의 외래어는 최대한 외래어 표기법에 맞춰 표기했다.
3. 《 》 부호는 책과 잡지를 나타내고, 〈 〉 부호는 신문, 주간지, 노래를 나타낸다. 논문은 " "로 나타냈다.
4. 본문에서 [ ]는 옮긴이가 독자의 이해를 돕거나 문맥을 매끄럽게 하려고 덧붙인 것이다. 인용문에서 지은이가 덧붙인 것은 [— 지은이]로 표기했다.
5. 원서의 각주는 대부분 후주로 돌렸다. 그중 몇 개는 독자의 이해를 돕기 위해 각주로 남겨 뒀다. 옮긴이가 추가한 각주는 뒤에 '— 옮긴이'라고 표기했다.
6. 원문에서 강조된 부분은 고딕체로 나타냈다.
7. 그리스도교 성경의 명칭은 "공동번역 성서"를, 인용된 내용의 번역은 "가톨릭 성경 주석 성경"을 따랐다.

머리말

이제 우리는 세계관을 둘러싸고 벌어진 투쟁의 역사를 함께 여행하며 더듬어 볼 것입니다. 이 여행이 어떤 의미가 있는지는 여행길을 더듬어 가는 속에서 차츰 분명해질 것입니다.

이 여행은 매우 뜻깊고 흥미로울 것입니다. 하지만 이 여행은 가까운 산으로 혼자서 훌쩍 떠나는 하이킹과는 달라서, 믿을 수 있는 안내자나 조력자가 반드시 필요합니다.

그래서 저는 마르크스와 엥겔스와 레닌에게 이 여행의 안내를 부탁하고, 그들이 곳곳에서 자주 등장하도록 했습니다. 이 대선배들이 인류의 가치 있는 유산을 구석구석까지 얼마나 예리하게 포착했는지를 소개하고 싶었기 때문입니다(물론 그들에게 허락된 한에서 말이죠). 그런 태도로 그들은 비로소 과학적 사회주의 이론의 초석을 놓을 수 있었습니다.

이 책에서 소개한 말은 출처를 모두 밝히고, 일본어판 마르크스·엥겔스 전집(《자본론》의 경우 오츠키쇼텐 출판사의 보급판)과 레닌 전집의 해당 분책 번호와 쪽수를(아직 일역되지 않은 것은 원서의 쪽수를) 적어 뒀습니다.* 다만 번역된 문장 여러 개는 제가 새로 번역했습니다.

물론 이 세 안내자가 한 말이라고 해서 아무런 오류가 없다는 얘기는 아닙니다. 그런 태도는 과학적이지도 않거니와 그들의 정신에도 어긋납니다. 오늘날에 볼 때 역사적으로 정확하지 않다고 생각되는 말은 다루지 않았습니다(그리 많지는 않아요).

그들은 과학적 사회주의 이론의, 따라서 과학적 세계관의 초석을 놓았습니다. 그 초석 위에 본격적으로 건물을 세우는 것은 후대를 살아가는 우리의 몫입니다. 과학적 사회주의 이론은 이 세 명이 놓은 초석 위에서, 그 후 일본을 포함한 전 세계 해방운동의 전개 속에서 나날이 풍부해지고 발전하고 있습니다. 과학적 세계관 자체도 세계관을 둘러싼 오늘날의 투쟁 속에서 과학의 발전과 긴밀하게 연결돼 지속적으로 풍부해지고 발전돼야 합

---

* 한국 독자들의 이해를 돕기 위해 국역 출판된 책은 그 서지 사항을 병기했다 — 옮긴이.

니다. 그 속에서 인류의 과거 유산도 끊임없이 재평가되고 재조명될 것입니다. 이 책에서 소개하는 세 안내자의 말도 바로 이런 재조명의 초석일 뿐이며 — '안내자'란 그런 의미입니다 — 따라서 교조적으로 그것을 절대적 진리로 여겨서는 안 됩니다.

한편, 이 책에는 앞서 언급한 세 명의 안내자 외에도 다방면의 여러 조력자가 많이 등장합니다. 여러분은 나쓰메 소세키, 단테, 괴테, 하이네 같은 사람들을 자주 만날 것입니다. 그리고 그 외에도 철학과는 전혀 무관하다고 생각될 법한 사람들이 여기저기 등장할 것입니다. 여러분의 여행이 마음 편한 여행이 되기를, 그리고 철학이란 결코 철학자들만의 전유물이 아니었고 그래서도 안 된다는 것을 여러분이 알기를 바랐기 때문입니다.

증쇄를 내며, 일부 오·탈자와 잘못 인쇄된 부분을 수정하고, 이후 연구를 통해 분명해진 사실에 근거해 한두 곳을 수정했습니다. 또한 인용문의 출처 쪽수는 모두 그 후 출판된 일본어판의 쪽수로 수정했습니다.

타카다 모토무

1장

원시 사회의 세계관

1. 원시 공동체 세계관의 일반적 특징

늙은 추장의 연설

> 노익장 시애틀은 내가 본 인디언 가운데 가장 체격이 크고 얼굴은 매우 기품 있었다. 그는 키가 182센티미터가량으로, 사슴 가죽 신발을 신고 있었고 어깨가 넓고 가슴이 두터운 매우 균형 잡힌 몸이었다. 그의 눈은 크고 지적이었으며 표정이 풍부했고, 휴식 시간에는 매우 우호적인 모습이었다. 또한 그의 눈은 분명하고 충실하게 위대한 영혼의 움직임을 비추고 있었다.

시애틀 추장에 대해 헨리 A 스미스가 쓴 말입니다. 스미스는 1853년인가 1854년에 미국 워싱턴주州의 원주민 문제 담당관이었던 아이작 스티븐스 준장이 당시 여전히 원시적 씨족공동체 생활을 유지하던 원주민에게 오늘날의 시애틀시市가 있는 지역의 양도를 요구했을 때 그 자리에 함께 있었습니다.

회의 자리에서 말을 꺼내며 모두의 주의를 환기할 때 모두의 시선이 그에게 집중됐다. 그러자 그는 깊이 있고 잘 울리는 목소리로, 흡사 도도하게 흐르는 세찬 물결이 구석구석 퍼지듯 당당하게 말하기 시작했다.

그때 시애틀 추장이 스티븐스 준장의 머리에 한 손을 얹고, 다른 한 손의 검지 손가락으로 천천히 하늘을 가리키며 한 말은, 스미스의 기록에 따르면 다음과 같습니다.

우리와 당신들은 두 개의 서로 다른 인종이며, 기원도 다르고 운명도 다르다. 그리고 이것은 앞으로도 변하지 않을 것이다. 우리와 당신들 사이에 공통점은 적다. …
우리에게 선조의 재灰는 신성하며, 이 성스러운 대지는 선조들의 마지막 안식처다. 그런데 당신들은 당신네 선조가 묻힌 땅을 저 멀리 버려두고 이곳에 와 떠돌고 있다. 게다가 그것을 그다지 원통해하는 것 같지도 않다. …
우리의 선조들은 자신들에게 생명을 준 이 아름다운 세계를 절대로 잊지 않을 것이다. 그들은 지금도 이 세계를 굽이쳐 흐르는 강과 위대한 산과 깊은 골짜기를 사랑한다. …

이 대지의 모든 곳이 우리에게는 신성하다. 어느 언덕, 어느 골짜기, 어느 들판, 어느 숲도 모두 우리 동족의 즐거운 추억과 슬픈 경험으로 정화돼 있다. 고요한 바닷가에서 장엄한 위풍을 보이며 뜨거운 햇볕을 받아 숨죽이고 있는 듯 보이는 바위조차 우리 동족의 삶과 이어진 과거를 생각하며 감동한다. …
당신 발 아래 먼지조차 당신들보다 우리의 발을 더 친밀하게 대한다. 왜냐하면 그것이 우리 선조들의 재이기 때문이다. 그리고 그와 접촉한 우리의 벌거벗은 발은 그곳에 육친이 깃들어 있음을 안다. 대지는 우리 혈연의 생명으로 넘쳐나고 있기 때문이다. …
우리의 종교는 선조로부터 계승돼 온 전통이다. 그것은 엄숙한 밤의 시간에 위대한 영혼이 선조들에게 전해 준 무수한 꿈이며, 지금의 우리 가슴에 새겨져 있다.[1]

시애틀 추장의 이 말은 자신이 태어나 살아가는 자연 환경과 자신들 사이의 일체감을 특징으로 하는 원시 공동체 사람들의 세계관을 가장 잘 세련된 형태로 생생하게 표현하고 있습니다. 그러면서도 신비로운 위엄과 깊이를 겸비한 채 우리의 마음을 두드립니다.

원시인의 인격적 위엄과 원시 공산주의

이런 위엄과 깊이는 어디에서 생겨났을까요? 시애틀 추장이 대변한 원시 씨족공동체의 성격을 두고 엥겔스가 한 다음과 같은 말이 그것을 선명하게 보여 줍니다. 엥겔스의 말은 시애틀 추장이 스미스 앞에서 연설한 지 꼭 30년 뒤에 쓰인 것입니다.

> 이 씨족제도는 정말이지 아이처럼 단순하면서도 얼마나 놀라운 제도인가! 병사도 헌병도 경찰관도 없고, 귀족도 국왕도 총독도 지방관도 재판관도 없고, 감옥도 소송도 없지만, 모든 일이 제대로 운영된다. 모든 싸움이나 분쟁은 씨족이나 부족이, 또는 씨족들끼리 공동으로 해결한다. 다만, 매우 드물게 사용되는 수단으로 극단적인 피의 복수라는 위협이 있을 따름이다. 오늘날의 사형은 이런 피의 복수가 문명화한 형태, 문명의 모든 장점과 단점이 엉겨 붙은 형태에 불과하다. 공동 사무는 오늘날보다 훨씬 많지만 … 현대의 광범하고 복잡한 행정 기구의 어느 한 조각도 필요하지 않다. 결정은 당사자들의 몫이며, 대체로는 수백 년에 걸친 관습에 따라 이미 모든 것이 결정돼 있다. 가난한 자, 곤경에 빠진 자는 존재할 수가 없다. 공산주의적 세대와 씨족은 노인이나 병자나 전쟁 상해자에 대한 자신들의 의무를 잘 알고 있다. 모두가 평등하고 자유롭다. 여성들도 그렇다. 노예는 아직 존재할 여지가 없고, 다른 부족을 억압할 여지도 보통은 아직 존재하지 않는다. … 이런 사회가 어떤 남녀를 길러 내는지는 아직 타락하지 않은 원주민과 접촉한 모든 백인이 이 미개인의 인격적 위엄, 솔직함, 강인한 성품, 용기에 몹시

놀라 감탄한 것으로 증명된다. … 서로 다른 계급들로 분화되기 전까지 인간과 인간 사회는 이러했다.[2]

어쩐지 엥겔스가 스미스의 기록을 바로 곁에 두고 쓴 문장 같지 않나요?

자연 환경과의 원시적 일체감

그런데 엥겔스는 이어서 다음과 같이 씁니다. "이것은 한 측면이다. 그러나 우리는 이 조직이 몰락할 운명에 있었음을 잊지 말도록 하자."[3] 시애틀 추장도 이 "운명"을 인정하고 다음과 같이 침통하게 말했습니다.

> 바람에 물결치는 바다가 조개껍질로 덮인 갯벌을 뒤덮고 있듯이 한때 우리는 모든 땅을 뒤덮고 있었다. 이후 오랜 세월이 흘러 종족의 저 위대함은 망각의 바닥으로 가라앉았다. 나는 우리의 때아닌 쇠퇴를 넋두리하며 한탄하지 않을 것이고, 당신들 백인이 우리의 쇠퇴를 재촉했다고 비난할 생각도 없다. 왜냐하면 우리에게도 얼마간 책임이 있기 때문이다.

여기서 시애틀 추장이 "우리의 책임"이라는 말로 표현한 것의 객관적 내용은 무엇일까요? 그것은 앞서 인용한 추장의 말이 그 위엄과 깊이와 함께 동시에 담고 있던 또 다른 면과 관계있습니다. 그 또 다른 면에 대해 엥겔스는 다음과 같이 말합니다. 한 마디 한 마디가 시애틀 추장의 말에 덧붙인 적절한 주석처럼 읽힙니다.

> 씨족제도는 생산이 지극히 미약했던 상태를, 따라서 인구가 넓은 지역에 걸쳐 극히 희박했던 상태를 전제로 한다. 그러므로 그것은 외부적 요인으로서 인간과 대립하며 이해되지 않는 자연에 인간이 거의 완전히 지배되는 상태를 전제로 한다. 이 상태는 그들의 유치한 종교 관념에 반영돼 있다. 인간에게 부족은 타 부족에 대한 한계인 동시에 자기 자신에 대한 한계이기도 했다. 부족과 씨족, 그리고 그것의 모든 제도는 신성불가침한 것이었고 자연이 준 최고의 힘이었다. 개인은 감정이나 사고나 행위에서 절대적으로 이 힘에 종속돼 있었다. 이 시대 사람들이 우리에게 얼마나 당당해 보일지라도, 마르크스의 표현처럼, 그들에게는 너 나 할 것 없이 모두 원시 공동체의 탯줄이 아직 남아 있었다.[4]

2. 원시 사회 세계관의 유물론적 요소와 관념론적 요소

원시 사회 의식의 일반적 특징

다시 생각해 봅시다.

원시 사회의 생산력, 즉 자연에 작용하는 인간의 힘은 아직 매우 낮은 수준이었습니다. 아무튼 의존할 것이라곤 석기뿐이었으니까요. 동시에, 인간의 사회관계도 혈연으로 맺어진 매우 좁은 범위 안에 머물렀습니다. "인간과 자연의 제한된 관계가 인간 상호 간의 제한된 관계를 규정하고, 또한 인간 상호 간의 제한된 관계가 인간과 자연의 제한된 관계를 규정하"고 있었던 것입니다.[5]

자연은 인간의 손을 거의 타지 않은 매우 거친 모습으로 위협하듯 원시인의 작은 집단을 에워싸고 있었습니다. 이런 삶 속에서 원시인의 의식은 "처음에는 당연히 감각으로 느끼는 가장 가까운 환경에 대한 의식이었고, 점차 자신을 의식하는 개인이 자기 외부의 타인이나 사물과 맺는 제한적 연관에 대한 의식이었을 뿐"입니다.[6] "동시에, 그것은 처음에는 인간에게 완전히 낯설고 전능하며 범접할 수 없는 힘으로 돌진해 오는 자연 — 이 힘에 대해 인간은 순전히 동물처럼 행동하고 가축처럼 위압당한다 — 에 대한 의식이며 따라서 자연에 대한 완전히 동물적인 의식이라고 할 만한 것"이었습니다.[7] 앞에서 살펴본 것처럼, 원시 사회 사람들에게 특징적으로 나타나는 특정 자연 환경에 대한 일체감은 그 표현에 불과했습니다.

물론 인간은 오로지 노동을 통해 살아간다는 점에서 더는 동물이 아니며, 따라서 이제 인간의 의식도 동물의 의식과는 확연히 달라지고 있었습니다. "언어는 의식만큼 오래됐다"고[8] 마르크스와 엥겔스는 지적합니다. 여기서 말하는 '의식'은 물론 인간의 의식입니다. 그 자체로 노동의 산물인 언어에 의해 인간의 의식은 동물의 의식과 달리 단순히 외부 자극에 대한 직접적 반응에 머물지 않고 그 자극에 대해 이렇게 저렇게 생각해 보는 풍부함을 갖추게 됐습니다.

그러나 당장은 이런 풍부한 가능성이 앞서 말한 것과 같은 좁은 범위 안에서만 발휘될 수 있었습니다. 이런 모순이 원시인의 의식에 고유한 특징을 만들어 냈습니다. 한마디로 말해, 유물론적 요소와 관념론적 요소가 분화되지 않은 채 하나로 섞여 있었다는 것입니다.

언어와 추상 능력

여기서 사고와 분리될 수 없는 언어의 특징에 대해 생각해 봅시다.

"사고와 언어는 보편적인 것을 나타낸다." "모든 언어(말)는 이미 보편화돼 있다." "언어에는 보편적인 것만이 존재한다."[9] 레닌은 이렇게 말했습니다. 예컨대, 우리가 '개' 라고 말할 때 그것은 멍멍이, 누렁이, 바둑이 등에 공통되는 보편적인 것(일반적인 것)을 끄집어내어(추상해서) 나타내고 있습니다. 마찬가지로, '산', '강' 등의 말은 이 산, 저 산, 이 강, 저 강 등을 보편화해 가리키는 것이며, 그것들에 공통된 보편적인 것만을 말로 표현한 것입니다. '도네강'* 같은 고유명사는 어떨까요? 이 역시 '지난해의 도네강', '올해의 도네강' 등의 차이를 버리고, 공통된 것을 꺼내어 보편화한 말입니다. 사고와 언어를 분리할 수 없다는 것은 이렇게 보편화·추상화 능력이 전제된다는 뜻입니다. 사고 활동의 심화는 추상 능력의 발전과 한몸이고, 추상성이 높은 언어의 발달을 동반합니다.**

최초의 추상 속에 관념론의 씨앗이 잠재하다

그런데 보편화·추상화는 어떤 면에서는 구체적 현실에서 벗어난다는 뜻입니다. 현실에 존재하는 것은 멍멍이, 누렁이, 바둑이 등이지, '보편적인 개 자체' 같은 것은 아니니까요. 물론 '벗어난다'고 해서 그것과는 무관한 곳에서 헤맨다는 얘기는 아닙니

---

* 도네강 일본의 대표적 하천 가운데 하나다 — 옮긴이.

** 원시 언어 중에는, '걷다' 같은 일반적 표현의 동사 없이 가령 우리 같으면 '빈둥빈둥 걷다', '부랴부랴 걷다', '터덜터덜 걷다'처럼 말할 것을 제각기 전혀 다른 동사로 표현한 언어가 있습니다. '달'(月)이라는 보통명사 없이 '그믐달', '반달', '보름달' 등을 제각기 전혀 다른 명사로 부른 언어도 있다고 합니다. 일본어에도 비슷한 예가 있습니다. 예컨대, '보라'(ボラ, 숭어)의 치어를 '오보코'(オボコ), '스바시리'(スバシリ)라고 부르고, 조금 성장하면 '이나'(イナ), 더 성장하면 '보라'(ボラ), 마지막에는 '토도'(トド)라고 부르는 것이죠. 그리고 그 사이의 어떤 동일성이 인식되면서 비로소 '토도노츠마리'['결국'이라는 의미로, '보라'는 결국 성장해 '토도'라는 이름이 된다는 데서 온 말]라는 합성어도 생겨나고, 전체를 '보라'라고 통칭할 수 있게 된 것입니다.

다. 도리어 그렇게 벗어남으로써 본질에 깊숙이 파고들게 됩니다. '개'의 보편적 특징은 바로 현실의 멍멍이, 누렁이, 바둑이 속에 본질적인 것으로서 존재하고 있으니까요.

하지만 바로 이 때문에 자칫하면 정말로 '헤매게' 될 가능성이 잠재해 있습니다. "관념론(종교)의 가능성은 이미 최초의 초보적 추상 속에 담겨 있다"고 레닌은 말합니다.[10] 이 '가능성'은 곧 원시인의 의식 속에서 실현됐습니다. 이것을 단적으로 보여 주는 것이 이른바 '언령言靈' 신앙입니다. '언령' 신앙은 말에 현실의 사물을 움직이는 신비로운 힘이 있다는 생각입니다. 지금도 주문呪文 등에 그 흔적이 남아 있죠. 그러나 말의 신비한 힘은, 더 구체적으로 말하자면 현실의 사물 자체가 아니라 현실 사물의 배후에 숨은 신비로운 정령을 움직이는 힘으로 여겨졌습니다. 오히려 '언령'과 '정령'은 부름과 그에 답하는 메아리처럼 또는 그림자와 형태처럼 하나의 것으로 생각됐습니다.

'영혼' 관념의 형성

그러면 '정령'이라는 관념은 어떻게 생겨났을까요? 그것은 원시인이 "꿈에서 벌어지는 일에 자극을 받아 자신의 사고나 감각이 자기 육체의 활동이 아니라 몸속에 살다가 그 죽음과 함께 육체를 버리고 떠나는 특별한 영혼의 활동이라고 생각"하게 된 데서 비롯했습니다.[11] 아주 먼 곳에 있어야 할 사람이나 이미 죽은 사람이 꿈에 나타나니까요. 그조차 당시로서는 최대한 '합리적'으로 생각한 끝에 도달한 결론이었을 것입니다. 다만, 그 '합리적' 결론에는 타인의 꿈에서 자신(의 영혼)이 저지른 행위에 대해서도 책임져야 한다는 완전히 불합리한 귀결도 뒤따랐기 때문에 원시인들이 끝없는 불안에 빠졌지만 말이죠.

"원시 관념론"으로서 정령 신앙

일단 이렇게 생겨난, 육체에 내재하는 영혼이라는 관념은 이제 자연물 일반에도 투영됩니다. 다양한 자연물에도 영혼 같은 것, 이른바 정령이 내재해 있고, 이것이 자연물을 움직인다는 관념이 생겨났습니다. 이 관념을 '자연종교'나 '정령 신앙'이라고* 합니다. 숲에는 숲의 신이 있고, 산에는 산의 신이 있으며, 바람과 불에도, 나무와 풀에도 신이 깃들어 있다고 말입니다. 즉, 언어를 통해 파악되는 '보편적인 것'(본질)이 정령이라는 신비로운 '실체'로 추앙받게 된 것입니다. 이것을 "원시 관념론"이라고 부를 수 있겠죠.[12]

원시인에게는 아직 순수한 추상적 사고가 굉장히 어려웠던 것입니다. 어린아이의 의식에 대해 마르크스가 한 다음 말은 원시

---

* 정령 신앙을 의미하는 애니미즘(animism)은 '정령'을 뜻하는 라틴어 낱말 '아니마'(anima)에서 왔습니다.

인에게도 고스란히 들어맞을 것입니다. "어린아이는 어디까지나 감각적 지각을 넘어서지 않는다. 어린아이는 개별을 볼 뿐이다. 이런 특수성을 보편성과 연결 짓는, 눈에 보이지 않는 신경섬유를 인지하지 못한다. 어린아이는 태양이 지구 주위를 돌고 있다고, 보편이 개별 주위를 돌고 있다고 믿는다. 그래서 어린아이는 정신은 믿지 않지만, 유령은 믿는 것이다."[13]

원시 관념론은 원시 유물론과 공존했다

그러나 어린아이가 "유령은 믿는" 동시에 외부의 실재를 믿어 의심치 않는 소박하고 무의식적인 유물론자이듯이, 원시 종교의 신도이자 "원시 관념론"의 신봉자였던 원시인은 동시에 외부의 실재를 의심조차 할 줄 모르는 소박한 태생적 유물론자이기도 했습니다. 앞서 봤듯이, 그들의 정령 신앙도 그들 나름으로 현상 깊숙한 곳에 있는 본질을 파악하려는 노력의 표현이었습니다. 그들은 정령을 어르고 달래거나 환심을 사려 하고, 어떤 때는 위협하고 협박해서 그것에 깃든 자연력에 대한 인간의 지배를 쟁취하려고 노력했습니다(이것이 이른바 주술呪術입니다). 그런데 이것은 훗날 프란시스 베이컨으로 대표되는 근대 과학의 기본 정신을 원시인 나름의 방법으로 실천하려 한 것이라고도 볼 수 있습니다. 베이컨은 "[인간은] 오로지 자연에 복종할 때만 [자연을] 지배할 수 있다"고 했습니다. 그리고 더 나아가 "자연을 압박하고, 작업을 통해 강제하고, 간섭"하고, 자연에 "기술로 조작을 가해야" 한다고 [그래야 "자연의 비밀"이 더 잘 드러난다고] 주장했습니다. 이런 점에서 보자면, 원시인에게는 과학과 종교, 유물론과 관념론이라는 대립물이 분화될 가능성을 가진 채 공존하고 있었다고 할 수 있겠지요. 이 공존은 인간이 더는 단순한 동물이 아니지만 아직 동물적 상태를 벗어나지 못하고 있는 실정의 표현이기도 했습니다.

3. 원시 사회 세계관의 붕괴

원시 사회 세계관의 붕괴 과정에 나타난 두 가지 방향

낮은 생산력과 그것이 규정한 사회관계의 협소함이 낳은 산물로 등장한 원시 사회 세계관은 생산력의 발전과 그에 따른 사회관계의 확장 탓에 붕괴할 수밖에 없었습니다.

그 붕괴 과정은 원시 사회 세계관이 포함하고 있던 두 요소, 즉 유물론적 요소와 관념론적 요소의 대립에 따라 서로 대립하는 두 방향으로 나타났습니다.

하나는 관념론적 요소로부터 벗어나는 방향입니다.

다른 하나는 원시 종교나 "원시 관념론"의 주술적 세계관을 본격적인 종교적 세계관으로 발전시키는 방향입니다.

'신' 관념의 발생

후자의 조건이 된 것은, "육체노동과 정신노동의 분업"이 발전하면서 "이데올로그의 최초 형태인 제관祭官"이 출현한 것입니다.[14] 제관이라는 형태로 정신노동 종사자가 출현하자 원시 사회 세계관에 내포돼 있던 관념론적 요소가 유물론적 요소와 결별하고 홀로 설 가능성이 생겼습니다. "이 순간부터 의식은 현존하는 실천의식과는 다른 무엇인 것처럼, 현실적인 그 무엇을 상상하고 있지 않는데도 현실에서 무언가를 상상하고 있는 것처럼, 현실적으로 상상할 수 있게 된다. 이 순간부터 의식은 자신을 세계로부터 해방시켜서 '순수'한 이론, 과학, 철학, 도덕 등을 형성하는 위치로 옮겨 갈 수 있게 된다"(마르크스와 엥겔스).[15]

이렇게 해서 이른바 '이데올로기', 즉 "자신의 물질적 생활 조건들"과의 연관을 잊은 "독립적으로 발전하고 오직 자체 법칙에만 복종하는 자립적인 존재로서 사상"이 걸음마를 시작하고,[16] 종교적 세계관이 차츰 본격적인 모습으로 형성됐습니다. 그 과정을 엥겔스는 다음과 같이 묘사했습니다.

> 자연의 힘들이 의인화되며 최초의 신들이 생겨났다. 이 신들은 종교가 더욱 발전함에 따라 갈수록 세계를 초월한 모습을 띠게 되고, 마침내 인간 정신의 발전과 함께 자연스럽게 나타나는 추상 작용의 과정, 오히려 증류 과정이라고 할 만한 과정을 통해 인간의

두뇌에는 여러 신들 — 많든 적든 제한되고 또 서로 제한하는 신들 — 로부터 일신교一神敎적 종교들의 유일신 관념이 생겨났다.[17]

신들이 이렇게 통합되고 합병되는 과정은 서로 자립적이던 공동체들이 통합되고 합병되는 현실 과정을 반영하는 것이기도 했습니다. 그리고 이 현실의 과정은 바로 원시 공산제가 붕괴하는 과정, 여러 형태의 고대 노예제가 발전하는 과정이기도 했습니다.

이렇게 성립된 고대 사회에서 완성된 일신교에서는 원시 사회의 '언령' 관념이 다음과 같은 이데올로기적 형태로까지 발전합니다.

하느님께서 말씀하시기를 "빛이 생겨라" 하시자 빛이 생겼다. … 하느님께서 말씀하시기를 "하늘 아래에 있는 물은 한곳으로 모여, 뭍이 드러나라" 하시자, 그대로 되었다(《구약성서》의 창세기 1장 3, 9절).

한처음에 말씀이 계셨다. 말씀은 하느님과 함께 계셨는데 말씀은 하느님이셨다. 그분께서는 한처음에 하느님과 함께 계셨다. 모든 것이 그분을 통하여 생겨났고 그분 없이 생겨난 것은 하나도 없다(《신약성서》의 요한복음서 1장 1~3절).

여기서 우리는 오로지 말을 통해 대중에게 자기 의지를 전달하고 그 말대로 일이 진행되는 정신노동(종교) 종사자들(대체로 지배계급의 자리를 차지한)의 의식이 자가 증식한 모습을 똑똑히 볼 수 있습니다.

신에 대한 인간 승리의 찬가

그러면, 또 다른 방향은 어떻게 진행됐을까요?

나라奈良시대에* 쓰인 《히타치국国 향토지》에는** 이런 방향으로 나아가는 과정이 "경험 많은 노인"의 구전 속에서 생생하게 형상화된 흥미로운 설화가 기록돼 있습니다. 그 내용은 다음과 같습니다.

옛날에 '마타치'라는 사람이 갈대가 자란 골짜기를 개간해 새로 논을 만들고 있었습니다. 그러자 '야츠 신'이 떼를 지어 모여들어 그를 방해했습니다. '야츠'는 산골짜기를 말하며, '야츠 신'은 산골짜기 정령으로 뱀을 가리킵니다. "흔히 말하길, 뱀을 가리켜 야츠 신이라 하며, 그것은 뱀의 몸통에 뿔이 달린 머리를 했다"는 각주가 달려 있습니다.

---

* 나라시대 일본 역사의 시대 구분 가운데 하나. 710년에 수도를 나라 지역으로 옮기며 시작됐고 794년에 막을 내렸다 — 옮긴이.

** 《히타치국 향토지》 713년에 쓰인 향토지. 히타치국(오늘날 이바라키현(県)의 대부분 지역)에 대해, 지명의 유래와 지세·기후·인구·교통·산업·역사·문화·전설 등을 적은 서적이다 — 옮긴이.

[이 설화는 다음과 같이 이어집니다:] 마타치는 몹시 화를 내고는 무장을 하고 야츠 신들을 때려죽이며 산 입구까지 쫓아냈다. 그리고 경계가 되는 도랑에 표지 구실을 할 지팡이를 세우고 야츠 신들에게 말하기를 "여기부터 위쪽은 신의 영역임을 허락하지만 그 아래는 인간이 논을 일구는 곳이다. 앞으로 내가 신관神官이 돼 우러러 모실 테니 앙갚음하지 마라, 원망하지 마라" 했다. 그리고 그는 다시 논을 개간하려 애썼다. 이것이 야츠신사神社가 세워진 유래이며, 마타치의 자손은 대대로 이 신사의 신관을 맡고 있다.

여기서는 아직 신의 영역을 인정하고 있습니다. 다만, 인간이 허락한 영역이고 심지어 제한적이기까지 합니다. 신과 인간의 세력 균형이 역전되기 시작한 것입니다. 물론 신으로 우러러 모시지만, 이는 인간이 신을 가둬 놓은 것에 대한 보상입니다.

그런데 이 설화에는 다음과 같은 후일담이 있습니다: 세월이 흘러 이번에는 '미부노무라지노 마로'라는 사람이 그 골짜기를 소유하고 연못 제방을 만들고 있었다. 그러자 연못가 밤나무에 야츠 신이 모여들어 언제까지고 떠나지 않았다. 마로는 소리 높여 우렁차게 말했다. "이 연못은 사람들을 살리기 위한 것인데, 어떤 신이나 정령이길래 감히 방해한다는 말인가." 그러고는 일꾼들을 향해 "눈에 보이는 잡스러운 벌레 무리를 모두 두려워 말고 거리낌 없이 때려죽여라" 하고 명령하자, 말이 끝나기 무섭게

'뱀 신'은 도망가 모습을 감췄다.

마침내 인간의 힘이 전면적으로 승리하는 데 이르렀습니다.

하지만 농업 생산력의 증대만으로는 전통적인 종교적 세계관과 질적으로 다른 새로운 세계관이 본격적으로 등장하기가 어려웠습니다. 낡은 세계관이 전면 혁신되려면 그 기초가 되는 전통적 공동체가 완전히 해체되고 새로운 사회관계가 들어서야 했습니다. 일본을 포함한 아시아 국가들은 기존 공동체를 그대로 품으며 그것을 통합하는 전제군주의 지배가 수립되는 형태로 고대 사회가 형성됐습니다. 그렇기 때문에, 새로운 세계관의 요소가 도처에서 성장했음에도 원시 종교의 낡은 세계관과 연결된 탯줄을 오롯이 끊어 낼 수가 없었습니다.

반면 그리스는 상품 경제의 눈부신 성장을 통해 기존 공동체가 해체되면서 고대 사회로 이행했습니다. 덕분에 그리스는 새로운 세계관, 즉 철학적 세계관이 본격적으로 등장하는 무대가 될 수 있었습니다.

2장

고대 사회:

철학적 세계관의 형성, 유물론과 관념론의 투쟁

1. 철학적 세계관의 탄생: 자생적 유물론과 자생적 변증법

철학적 세계관의 탄생 무대가 된 항구 도시 밀레토스

철학적 세계관이 첫울음을 터뜨린 때는 기원전 6세기였습니다. 탄생지는 당시 그리스의 식민지였던 소아시아의 이오니아반도 — 에게해海와 마주한 서해안 — 에 자리 잡은 도시국가 밀레토스였습니다.

밀레토스는 오늘날 튀르키예에 속한 지역인데, 오늘날 지도에서는 아무리 자세한 지도라 해도 그 이름을 찾아볼 수 없습니다. 그곳을 방문한 과학사 연구자 토모마치 요시로는 다음과 같이 썼습니다.

튀르키예의 이스탄불에서 지선 철도로 갈아타고 이즈미르까지* 달려 그곳에서 하룻밤을 묵었다. 다음 날 버스로 약 3시간을 남쪽으로 내려가 농촌 마을 세케에서 숙소를 잡는다. 택시를 불러 약 1시간 반을 더 남쪽으로 내려가자, 좌우의 나지막한 언덕 사이로 펼쳐진 초원을 둘로 나누듯 길게 이어진 외길. 주변에 민가는 거의 볼 수 없다. 마주 오는 차도 없다. 드디어 택시 기사가 가리키는 밀레토스. 그곳은 아득히 펼쳐진 폐허였다.[1]

하지만 그곳은 한때 이오니아의 여러 도시 가운데서도 경제적으로 가장 번영했고, 정치적으로도 문화적으로도 가장 앞선 항구 도시였습니다. 라토모스만灣으로 돌출한 반도에 자리 잡고 있었고, 선착장이 네 곳이나 있었다고 합니다. 지금은 해안선이 밀레토스에서 9킬로미터나 떨어진 곳에 있는데, "반도 건너편에 흐르던 마이안드로스강이 토사를 흘려보내면서 차츰 하구를 메워 라토모스만 안쪽이 초원으로 변해 버렸기 때문"이라고 합니다.[2]

일반적으로 에게해 연안에 위치한 이오니아의 식민 도시들은 그리스 본국으로부터 멀리 떨어져 형성된 상업 도시였고, 전통적 인습에서 해방된 자유로운 분위기가 특징이었습니다. 그 가

---

* 이즈미르 튀르키예 서부, 에게해에 접한 항구 도시로 고대 상업과 무역의 중심지 — 옮긴이.

운데 밀레토스는 지중해와 가까운 항구 도시이면서, 소아시아에서 흘러드는 강의 하구라는 지리적 조건도 갖추고 있었습니다. "전통에 따른 구속이 없는 자유로운 식민 도시 밀레토스의 항구는 지중해를 무대로 한 상공 무역과 문화 교류 등으로 활기가 넘쳤음이 틀림없"고, "더불어 마이안드로스강을 따라 동방의 상품과 지식이 끊임없이 강 하구에 위치한 밀레토스로 흘러들어 경제와 문화를 더욱 발전시켰"을 것입니다.[3]

최초의 철학자들

최초의 철학자들은 밀레토스의 시민으로, 상인이거나 노예제 수공업 경영자인 동시에 기술자이거나 정치인으로 활동한 사람들이었습니다. 탈레스, 아낙시만드로스, 아낙시메네스의 이름이 잘 알려져 있습니다. 그들은 노예 소유주 계급이었지만, 그리스 본국의 노예 소유주 계급이 토지 소유 귀족으로서 생산 활동과 유리된 존재였던 것과는 달랐습니다.

탈레스 등 "가장 오래된 그리스 철학자들은 동시에 자연과학자였다"는 점에 엥겔스는 주의를 기울입니다. "탈레스는 기하학자로 1년을 365일로 정하고 일식을 예측했다고 한다. 아낙시만드로스는 해시계, 육지와 바다를 그린 일종의 지도, 여러 천문학 도구를 만들었다"고 합니다.[4]

만물의 근원을 묻고, 운동하는 물질적 존재에서 답을 구하다

최초의 철학자들은 "만물의 근원은 무엇인가?" 묻고는 그 답을 운동하는 물질적 존재에서 찾았습니다. 이것이 그들이 세운 철학적 세계관의 정수입니다.

"그것은 물이다" 하고 탈레스는 답했습니다. 대지는 물 위에 떠 있고, 만물의 영양도 모두 물기를 머금고 있고, 수분 없이는 열도 발생하지 않는다는 게 그 이유였던 듯합니다.

"아니다, 물 같은 특정 물질이 아니라 더 무한한 것을 만물의 근원으로 봐야 한다"고 제자 아낙시만드로스는 주장했습니다. 그렇게 무한한 것의 지속적인 운동을 통해 뜨거운 것과 차가운 것, 마른 것과 젖은 것 등 서로 대립하는 것이 생겨난다고 봐야 만물 생성의 풍부함을 더욱 합리적으로 설명할 수 있기 때문이라고 말입니다.

"공기야말로 그것이다." 손孫제자 아낙시메네스가 주장했습니다: 왜냐하면 "우리의 영혼(숨)도 공기이고 그것이 우리를 총괄하고 있으며, 그렇게 공기가 세계 전체를 뒤덮고 있"지 않은가. 그 공기가 농후해지거나 희박해짐에 따라 만물이 생겨나는 것이다. 숨을 세게 불어 공기가 농후해지면 차가워지고, 숨을 천천히 불어 공기가 희박해지면 따뜻해진다. 그렇게 공기가 희박해지면 불이 되고, 농후해지면 바람이 되고 구름이 되고 물이 되고 흙이 되고 돌이 되고, 이렇게 모든 천체가 생겨난다. 태양도 흙이지만, 그것이 고속으로 운동한 결과 불타오르게 된 것이다.

"이 사람도 운동을 영원한 것으로 보고, 이에 따라 변화도 발생한다고 했다"고 고대 기록은 전하고 있습니다.

이렇게 최초의 철학자들은 모종의 근본 물질과 그 지속적 운동으로 세계의 무한한 다양성을 통일적이고 합리적으로 파악하려 했습니다.

이오니아 자연학의 혁명적 성격

"만물은 물이다" 또는 "만물은 공기다" 하는 주장은, 그것만 놓고 보면 매우 소박하고 유치하게 들릴 수 있습니다. 하지만 아무리 소박하고 유치해 보여도 그들의 이런 물음과 답은 세계관에 대한 하나의 결정적 혁명, 이른바 코페르니쿠스적 전환을* 나타냈습니다. 물음을 제기하는 방식부터 혁명적이었으며 답변 방식과 내용도 그랬습니다.

한편, 전통적인 종교적(또는 신화적) 세계관, 즉 원시 사회 말기에 형성되고 원시 공산제의 붕괴와 함께 대토지 소유 귀족인 노예 소유주 계급과 한몸처럼 성장한 신관(제관) 계급이 육성

---

* 코페르니쿠스적 전환 코페르니쿠스가 16세기에 지동설을 주장한 것에 비유해, 사고방식이나 견해가 기존과는 달리 크게 변하는 일을 비유적으로 이르는 말이다 — 옮긴이.

한 세계관에서도 역시 '만물의 근원'이라는 물음이 제기되고 있었습니다. 그러나 그것은 '만물의 선조'라는 의미의 '근원'이었고, 이 물음에 대한 답은 신들의 계보에서 찾았습니다. '태초에 A라는 신이 출현하고, 다음으로 B라는 신이 나타나고, 뒤에 C, D, E, … 라는 신을 낳고, 이 신들에 의해 만물이 만들어졌다'는 식입니다. 반면, "이오니아의 자연학자들"로 대표되는 최초의 철학자들은 '모든 존재의 구성 요소'로서 '만물의 근원'을 묻고, 그 답을 물질적 자연 자체에서 찾으려 애썼습니다.

게다가 종교적 세계관은 토론을 초월한 믿음의 대상인 전통의 권위를 통해 복종을 요구한 반면, 탈레스 같은 철학자들은 자유로운 상호 토론을 통해 합리적 근거를 들면서 주장을 발전시켰습니다.

이런 문제 제기와 답변 방식은 완전히 새로운 형식의 세계관이 탄생했음을 의미합니다. 이렇게 성립된 새로운 형식의 세계관, 그것이 바로 '철학'이라고 불리는 것입니다. 그리고 그들이 스스로 던진 물음에 내놓은 답은 그 내용상 "원초적이고 자생적인 유물론"이라고[5] 할 만한 것이었습니다.

원초적이고 자생적인 유물론

여기서 "원초적"이란 '이제 막 시작했다'는 의미이고, "자생적"이란 '대립하는 철학적 견해와의 투쟁을 거치지 않았다'는 의미입니다. "그렇기 때문에 고대 철학은 사고와 물질의 관계를 명확히 하지 못했다"고 엥겔스는 지적합니다.[6] 아직은 그 관계가 명확한 문제의식으로 자리 잡지 않았던 것입니다. 그래서 "자생적"이었지만, 그래도 그들의 세계관이 유물론적이었다는 점은 틀림없습니다. 왜냐하면 "원래 유물론적 자연관은 자연을 단순하게 있는 그대로, 불필요한 것을 덧붙이지 않고 파악하는 방법과 다름없기" 때문입니다. 즉, '자연을 초월한 신' 등등을 떠올리며 그것으로 자연을 설명하려 하지 않는 것, 이것이 유물론적 자연관의 기본 특징입니다. 그런 의미에서 유물론적이라 함은 최초의 철학자들에게는 "본디 자명한 것"이었습니다.[7]

자생적 유물론은 자생적 변증법을 수반하고 있었다

이 유물론은 이제 막 출발했기에 "자연을 어림잡아 전체로서 직관"했을 뿐이고, "자연 현상들의 전체적 연관성은 개별적으로 추적되지 않았다"는 "불충분함"이 있습니다. "그러나 바로 여기에 후대의 형이상학적 반대자들 모두보다 나은 이 철학의 우월성이 있"습니다.[8] 요컨대, 그것은 매우 훌륭한 출발이었고, 그들의 유물론적 자연관 속에서 "변증법적 사고가 아직 자생적인 단순한 모습으로 등장"하고 있었습니다.[9] 오늘날의 과학은 "자연 전체는 최소의 것에서 최대의 것까지, 모래알부터 태양에 이르기까지, 원생생물에서 인간에 이르기까지 영원한 생성과 소멸, 끊임없는 흐름, 쉼 없는 운동과 변화 속에 있다"는 변증법적 자연상像을 우리에게 보여 주는데, 이런 자연관을 최초의 그리스 철학자들은 이미 그려 내고 있던 것입니다. "다만, 그리스인들에게는 천재적 직관이었던 것이 우리에게는 엄밀한 과학적·경험적 탐구의 성과이고, 또한 그런 이유에서 훨씬 확정적이고 명료한 형태를 띠고 나타난다는 본질적인 구별이 있"을 뿐입니다(엥겔스).[10]

아낙시만드로스는 생물 진화 사상도 내놓았습니다. 생명은 맨 처음 물속에서 생겨나 세월이 지난 뒤 육지로 올라온 것이고, 인간도 그 기원은 어류 가운데 하나였다고 말입니다. 참으로 놀라운 "직관"인데, 단순한 상상이 아니라 어느 정도 합리적인 근거에 기초한 것이었습니다. 그래서 마땅히 "천재적"이었다고 말할 수 있는 것입니다. "다른 동물들은 태어나자마자 자신의 힘으로 먹고사는데 인간만은 장기간 보육이 필요하다. 따라서 인간이 처음부터 그랬다면 결코 살아남을 수 없었을 것이다. 아낙시만드로스는 이를 근거로 인간도 맨 처음에는 다른 종류의 동물로부터 생겨났다고 말했다"고 고대의 기록은 전하고 있습니다. 참으로 날카롭고 정확한 관찰력이라고 할 수 있습니다.

이런 변증법적 세계관은 "특히 헤라클레이토스가 명확하게 표현했다"고 합니다(엥겔스).[11] 헤라클레이토스는 밀레토스에서 북쪽으로 조금 떨어진 에페소스 — 역시 그리스의 식민 도시였습니다 — 사람으로, 앞서 언급한 밀레토스의 세 철학자보다 한 세기 늦게 활동했습니다. 그는 "만물의 근원이 되는 것은 불이다" 하고 주장했습니다. 그의 핵심 사상은 다음과 같이 요약할 수 있습니다. "만물은 존재하면서도 존재하지 않는다. 만물은 유동하고, 항상 변화하고, 언제나 생성과 소멸 속에 있기 때문이다."[12] 그가 불을 만물의 근원으로 본 까닭은, 불이야말로 끊임없는 생성과 소멸이 본질인 만물의 근원에 가장 걸맞다고 생각했기 때문입니다.

오늘날까지 전해지는 헤라클레이토스의 말 가운데 일부를 그대로 소개하겠습니다.

"불은 전화轉化[질적으로 변화해 달라짐]해 우선 바다가 되고, 바다가 전화해 절반은 땅이 되고 절반은 회오리바람이 된다. 땅은 녹아 바다가 된다." "불은 흙의 죽음을 살고, 공기는 불의 죽음을 살고, 물은 공기의 죽음을 살고, 흙은 물의 죽음을 산다." "불의 죽음은 공기의 생성이며, 공기의 죽음은 물의 생성이다." "같은 강에서 목욕하는 사람에게 끊임없이 다른 물이 흘러온다." "같은 강의 흐름에서 다시 목욕할 수는 없다." "우리는 같은 강에 들어가면서도 그렇지 않으며, 존재하면서도 존재하지 않는다." "이것이 전화해 저것이 되고, 저것이 전화해 그것이 된다." "낮과 밤은 하나다." "만물은 하나다." "모든 것에게 동일한 이 세계는, 어떠한 신이나 인간이 만들지 않았고 법칙에 따라 불타고 법칙에 따라 소멸하면서 일찍이 있었고 지금도 있고 앞으로도 계속 있을 영원히 살아 있는 불이다."

이 마지막 구절을 두고 레닌은 "변증법적 유물론의 모든 원리를 매우 탁월하게 서술한 것"이라고 평가합니다.[13] 분명, 그 문장에는 세계의 물질적 통일성, 물질의 기본 존재 방식인 운동, 법칙에 따라 운동하는 물질의 영원성 등등이 날카로운 직관의 형태로 생생하게 표현돼 있습니다.

2. 자생적 변증법에 대한 형이상학의 도전

엘레아 학파의 등장

그러나 이런 유물론적·변증법적 자연관은 그 소박하고 직관적인 성격 때문에 당장은 "여타의 갖가지 견해들에 자리를 양보해야 했"습니다.[14]

논란의 불씨를 댕긴 것은 이탈리아 남부의 그리스 식민 도시 엘레아에서 등장해 '엘레아 학파'라고 불린 한 무리의 철학자들이었습니다. 그 중심 인물인 파르메니데스는 헤라클레이토스보다 조금 늦게 태어난 사람인데, 그는 "만물은 존재하면서도 존재하지 않는다"는 헤라클레이토스의 주장을 "머리가 두 개인 괴물"이라 부르고 이를 논박하는 데 집중했습니다.

파르메니데스의 형이상학적 세계관과 제논의 역설

"있는 것은 있는 것이고, 없는 것은 없는 것이다." 이것이 파르메니데스가 내세운 대원칙입니다. 그리고 이 대원칙을 마땅히 받아들이고 그로부터 논리적 결론을 끌어내는 한, "존재하는 것에는 생성도 소멸도 없고, 어떠한 다양성도 없고, 일반적으로 말해 운동이란 일절 있을 수 없다"고 주장합니다. 다음과 같은 이유로 말이죠: 생성이란 없는 것이 있게 되는 것, 소멸이란 있는 것이 없게 되는 것이다. 그러나 없는 것은 없고 있는 것만이 있기 때문에 세계에는 생성도 소멸도 존재할 턱이 없지 않은가. 또한 있는 것만이 있는 것이므로 "있는 것은 있는 것과 밀착"하고 "전체가 완전히 있는 것으로 충만하고" "모든 것이 완전히 연속하고" "완전히 동일"한 것이라, 세계에는 어떠한 다양성도 있을 수 없다. 더구나 운동이 존재하려면 공허空虛가 필요하고, 이 공허가 없다면 장소를 이동할 수도 없다(예컨대, 콩나물시루처럼 사람이 들어찬 지하철 안에서는 옴짝달싹할 수 없다. 비어 있어야 지하철 차량 안을 이동할 수 있다). 공허란 아무것도 없다는 것이고, 없는 것은 없는 것이므로 공허 따위는 존재하지 않는다. 따라서 운동은 일절 있을 수 없고, 세계는 "동일한 그 자체로 자신에게 머물고, 동일한 자신에서 휴식하고, 이렇게 자신의 동일한 장소에 굳게 버티고 있다"고 생각할 수밖에 없다. 따라서 진정으로 실재하는 세계는 불생불멸不生不滅하고[생성·소멸하지 않고] 등질

불가분等質不可分하며[성분이나 특성이 같은 것은 더는 쪼개질 수 없으며] 불변부동不變不動한[변화·운동하지 않는] "있는 것"으로, 움직일 수 없는 충만한 통일체로 파악돼야 한다. 이것이 "진리의 길"이다. 생성과 소멸, 다양성, 운동이 있는 듯이 여기는 것은 모두 감각의 혼란이다.

이것이 파르메니데스의 논리입니다.

그의 제자 제논은 일련의 역설을 제시하며 파르메니데스의 주장을 보강하려 했습니다. 그 가운데 "날아가는 화살은 날지 않는다"는 역설을 소개하겠습니다: 날아가고 있는 화살은 모든 순간에 자신과 같은 공간을 차지한다. 즉, 그곳에 정지해 있다. 따라서 그것은 항상 정지해 있으며, 그러므로 날지 않고 있고, 날기 시작하지조차 못한다.

엘레아 학파의 문제 제기가 지닌 역사적 의의

철저한 형이상학의 관점이 이성의 이름으로 엘레아 학파에 의해 제기됐던 것입니다. "무슨 뚱딴지 같은 억지냐" 하고 눈살을 찌푸리고, "그러니 철학 따위 잠꼬대 같아서 싫단 말이야" 하고 결론짓기는 쉽습니다. 그러나 그러면 '억지'가 아닌 '진실한 이론', 즉 진정으로 이성적인 방법이 뭐냐고 물으면, 대답하기가 그리 쉽지만은 않습니다. 엘레아 학파가 편 이론은 정말이지 비현실적으로 들리지만, 그것은 상식을 이론적으로 철저히 밀어붙인 것입니다. 그러니 이론적 대결을 통해 진정으로 현실적인 사고의 원칙을 의식적으로 확립하지 않는다면, "상식"이라는 미명 아래 언젠가 현실의 살아 있는 모습과 괴리돼 버릴 것입니다. 논리적으로 갈고닦은 형이상학의 도전을 돌파할 때에야 비로소 자생적 변증법은 의식적 변증법으로 발전할 수 있습니다. 거기에 인식 발전의 변증법이 있습니다.

엘레아 학파의 문제 제기는 의식적 변증법이 탄생하는 계기가 됐다는 점에서 중요한 의의가 있습니다. 그래서 헤겔은 역설이게도 제논을 변증법의 창시자 가운데 한 사람으로 꼽습니다. 《반뒤링론》에서 엥겔스가 한 다음과 같은 말은 엘레아 학파의 문제 제기에 대한 적절한 평가로 읽힙니다.

> 운동 자체가 이미 하나의 모순이다. 단순한 역학적 장소 이동조차, 하나의 물체가 동일한 순간에 한 장소에 있으면서도 다른 장소에 있다는 것, 즉 동일한 장소에 있으면서도 거기에 없다는 것, 이것 없이는 이뤄질 수 없다. 더구나 이런 모순을 부단히 정립하면서도 해소하는 것이 바로 운동이다. … 형이상학적으로 사고하는 능력이 정지의 개념에서 운동의 개념으로 도저히 도달할 수 없는 이유는 위와 같은 모순이 사고력의 앞길을 가로막고 있기 때문이다. 이런 사고력에게 운동은 그 자체로 하나의 모순이므로 이해될 수 없는 것이다. 그리고 이런 사고력이 운동을 이해할 수 없다고 주장하

는 것 자체가 스스로 이런 모순이 현존함을 마지못해 인정하는 셈이 된다. 즉, 사물과 과정 자체 속에 객관적으로 존재하는 모순이 있고, 더구나 그 모순이 사실상 하나의 힘이라는 것을.[15]

헤겔은 이미 《철학사 강의》에서 제논의 역설을 평가하며, "어려움을 낳는 것은 언제나 사고인데, 그것은 현실에서는 결합돼 있는 대상의 여러 계기들을 따로따로 고찰하기 때문"이라고 지적합니다. 그래서 "우리가 완전히 사물 속으로 들어가 대상 자체에 근거해 고찰하고 대상이 갖는 성격들에 따라 고찰한다"면 "그 대상은 자신이 서로 대립하는 성격들을 포함하고 있음을 스스로 나타낸다"는 점, 그리고 이렇게 파악한다면 "운동한다는 것은 이 장소에 있으면서도 이 장소에 있지 않다는 것"을 인정해야 한다는 점을 강조했습니다.

여기에서 다음을 덧붙여 두겠습니다. 레닌은 《철학 노트》에서 헤겔의 이 말들을 인용하며 "주목하라. 옳다!" 하고 쓰고는 다음과 같이 지적합니다. "문제는 … 개념의 논리 속에서 운동을 어떻게 표현할 것인가 하는 점"이고 "바로 이 점이 변증법의 본질이다. 바로 이 본질을 대립물의 통일·동일이라는 공식이 표현하고 있다."[16]

3. 양대 철학 진영의 의식적 형성

의식적 유물론 철학인 원자론

엘레아 학파는 우리의 경험이 나타내는 세계의 다양성과 운동성을 이성의 이름으로 부인했습니다. 그렇지만 탈레스 이후 이오니아 자연과학이 만물의 '근원'을 탐구한 것은 바로 그 경험이 나타내는 사실을 이성을 이용해 통일적으로 설명하기 위해서였습니다. 이런 기본 노선 위에 서면서도 엘레아 학파의 문제 제기에 대답하는 과제를 의식적으로 유물론의 원리에 근거해서 대담하게 해결하려 한 것이 바로 레우키포스(기원전 5세기 중반)와 데모크리토스(기원전 460년경~370년경)의 원자론原子論 철학입니다.

의식적으로 유물론의 원리에 근거했다는 말은 현실을 사고에 맞추는 게 아니라 사고를 현실에 맞추는 기본 관점에 섰다는 의미입니다. 여기서부터 그들은 우선 파르메니데스가 부인한 "공허"의 존재를 대담하게 긍정했습니다. "공허"의 존재가 승인된 이상 파르메니데스가 진정한 실재의 속성이라고 주장한 것 가운데 전체로서의 일체불가분성도 부정됩니다. 즉, 그들은 파르메니데스가 주장한 등질불가분의 통일체인 "있는 것"을, 말하자면 잘게 부숴 공허 속에 뿌리고 감각으로는 파악할 수 없는 미세한 입자 하나하나가 더는 분해할 수 없는 궁극의 실체라는 성질을 갖는다고 생각했습니다. 그들은 그것을 아토몬(원자)이라고* 불렀습니다.

이 더는 분해할 수 없는 원자는 크기나 모양은 서로 다르지만 질적으로는 완전히 동일한 것으로, 불생·불멸·불변이라는 면에서 파르메니데스가 '있는 것'에 귀속시킨 속성을 고스란히 가지고 있습니다. 다만, 파르메니데스의 '있는 것'은 부동의 속성도 동시에 지니지만, 원자론 철학은 이와 정면으로 대립해 운동이 원자의 본성이라고 했습니다. 이렇게 공허 속을 운동하는 원자의 이합집산에 따라, 모든 사물 모든 현상의 다양성과 생성·변화·소멸이 일어난다고 생각한 것입니다. 이런 생각은 1808년 돌턴이 제창한 근대 원자론보다 2200년이나 앞선 것이었습니다.

데모크리토스의 천재적 직관

원자론 철학은 "우연한 즉흥적 생각"의 산물이 아니며, 자연의 "다양성과 통일성을 동시에 이해"하려고 애쓴 사고의 "강인한 논리적 귀결"이었다고 (물리학자 타나카 하지메는 강조)합니다.[17] 그런 점에서 데모크리토스의 원자론은 틀림없이 "천재적 직관"의 산물입니다. 앞서도 시사했듯이, '직관'은 결코 '논리'와 대립되지 않습니다.

---

* 아토몬 오늘날 사용되는 '아톰'(atom)의 어원으로, '더는 분해할 수 없는 것'이라는 의미입니다.

데모크리토스는 다음과 같이도 말했습니다. "서로 크기가 다른 세계가 무수히 있다. 어떤 세계에는 태양도 달도 없고, 어떤 세계의 태양과 달은 우리 세계의 것보다 크고, 또 다른 세계에는 그것이 두 개 이상씩 있다. 이 세계들 가운데는 서로 다른 거리에 있는 것도 있어서, 한편은 길고 한편은 짧다. 어떤 세계는 성장하려 하고, 어떤 세계는 번영하고 있고, 어떤 세계는 쇠퇴하려 한다. 이쪽에서 하나의 세계가 생겨나고 저쪽에서는 죽는다. 그리고 세계는 서로 충돌해서 멸망한다. 어떤 세계에는 동물이나 식물이나 그 밖에 물기 있는 것이 전혀 없다." 이 얼마나 놀랍도록 신선한 현대적 울림이 있는 말인가요.

원자론이 형이상학의 도전 앞에서도 물질의 본성이 운동임을 의식적으로 인정했다는 것은 특히 커다란 의미가 있습니다. 이를 통해 원자론 철학이 고대 유물론의 가장 철저한, 최고 형태가 될 수 있었기 때문입니다.

원자론 철학으로 향하는 과도 형태인 다원론과 그 모순

원자론 철학으로 향하는 과도 형태를 띤 것은 '다원론자'로 알려진 엠페도클레스와 아낙사고라스(모두 기원전 5세기)의 철학입니다.

그들이 다원론자로 불리는 이유는, 엠페도클레스는 흙·물·불·공기라는 4원소가 근원적 실재(그의 표현으로는 "만물의 뿌리")라고 주장하고, 아낙사고라스는 사물의 성질 차이에 따라 그 수만큼 근원적 실재(그의 표현으로는 "종자")가 있다고 주장했기 때문입니다. 그들은 그 모든 원소의 이합집산에 따라, 감각으로 느껴지는 세계의 현상 일체가 생겨난다고 생각했습니다. 그 원소들은 파르메니데스가 "있는 것"에 귀속시킨 속성들 가운데서 전일체적 불가분성과 동질성을 제외한 모든 속성을 기본으로 보유한다고 여겼습니다. 즉, 불생·불멸·불변뿐 아니라 부동도 본성으로 여겼습니다.

하지만 그렇게 보려면 본래 움직이지 않아야 할 원소들이 이합집산 운동을 하도록 만들 특별한 힘을 상정해야 합니다. 엠페도클레스는 그 특별한 힘으로 '사랑'과 '증오'를, 아낙사고라스는 '정신'(누스nous)을 상정했습니다. 엠페도클레스가 '사랑'과 '증오'라고, 아낙사고라스가 '정신'이라고 표현한 것은 꼭 비물질적이고 신비로운 것을 뜻한 건 아니었던 듯합니다(그 표현들을 보면 그렇게 상상하기 쉽겠지만요). 그럼에도 그것은 부동이 본성인 다른 물질적 실체와는 구별되는 완전히 다른 것이어야 했으므로 그 속에 모호함이 있었음은 부정할 수 없습니다.

그들 세계관의 특징은 형이상학적 유물론이라고 할 수 있습니다. 그러나 그 모호함은 형이상학적 유물론이 불가피하게 포함할 수밖에 없는 모순의 표현이며, 결국 이 모순 때문에 형이상학적 유물론은 관념론으로 이끌리게 됩니다. 위대한 물리학자

뉴턴이 물질과 운동을 분리하는 형이상학의 관점에 섰기 때문에 태양계 운동의 기원을 다룰 때 태초에 신이 외부로부터 가한 "최초의 일격"을 상정할 수밖에 없었다는 것은 유명한 이야기입니다. 아낙사고라스가 의지한 "정신"도 이 "최초의 일격"과 똑같은 구실을 합니다. 이런 형이상학적 운동관에서는 "운동의 원천이 외부로, 즉 신이나 주관 등으로 옮겨 간다"고 레닌은 논평을 덧붙입니다.[18] 매우 적절한 논평이죠.

고대 유물론의 최고 형태인 원자론 철학과 그것이 민주 정치를 대한 태도

원자론 철학은 형이상학적 유물론의 이런 모순을 유물론적으로 해결함으로써 크게 한 발 내딛었습니다. "자석은 철을 움직일 수 있으므로 영혼이 있다"고 탈레스가 말했다고 전해지듯이, 또한 "세계는 영원히 살아 있는 불이다" 하는 헤라클레이토스의 말에서도 알 수 있듯이, 이오니아 자연학에는 정령 신앙적 세계관의 잔재가 여전히 따라다녔습니다. 그리고 엠페도클레스가 다원론자인 동시에 신흥 종교의 제창자이기도 했던 것처럼, 다원론자의 유물론적 세계관은 여전히 이론적으로 불철저했습니다. 그러나 원자론 철학은 이런 불철저함을 완전히 극복하고, 철저한 유물론의 관점을 의식적으로 세웠습니다.

물론 원자론 철학은 경험과학의 성과가 아니라 "천재적 직관"

에 따른 견해였고, 그 때문에 많은 제약이 따랐던 것도 사실입니다. 이를테면 물질의 운동을 오로지 기계적 운동으로만 파악했던 것처럼 말이죠. 하지만 그것은 어찌할 도리가 없는 당시의 시대적 제약이었습니다. 이런 제약에도 불구하고 데모크리토스는 두말할 필요 없이 "그리스인 가운데 최초의 백과사전적 두뇌"였습니다.[19]

철저한 유물론자였던 데모크리토스는 민주 정치의 열렬한 지지자이기도 했습니다. "자유로운 민주제하의 빈곤은 독재하의 번영보다 낫다. 왜냐하면 자유가 예속보다 나으니까" 하고 그는 말합니다. 이 말은 오늘날에도 여전히 신선한 울림으로 다가옵니다.

민주 정치에 대한 귀족의 반동과 본격적 관념론 철학의 최초 등장

그런데 바로 같은 시기에 민주 정치에 대한 귀족의 반동과 결합돼, 유물론에 적의를 불태우며 최초로 본격적 관념론 철학의 이론 체계가 등장했습니다. 그 대표 인물이 바로 명문 귀족의 일원이던 플라톤(기원전 427년경~347년)입니다.

플라톤의 많은 저작은 대부분 자신의 스승인 소크라테스(기원전 470년경~399년)를 주인공으로 등장시키고 그와 대화하는 형식을 취합니다. 이 때문에 그 저작들에서 소크라테스의 입으로 전해지는 주장이 어디까지가 소크라테스의 것이고 어디부터

가 플라톤의 것인지 논란이 많습니다. 그러나 여기서는 그런 논란에 관여하지 않고, 플라톤이 대화편에서 편 주장을 '플라톤 철학'이라고 부르도록 합시다.

플라톤의 이데아론

'플라톤 철학' 중에서 가장 유명한 핵심이 바로 '이데아론'입니다. '이데아'란 원래 '형태'라는 뜻의 말입니다. 그러나 플라톤 철학에서 이데아는 '원형'이나 '관념' 같은 어감을 갖게 되고 초감각적·비물질적 실재를 의미하게 됩니다. 이데아론은 이성의 눈을 통해서만 볼 수 있는 실재 세계와 감각에 비치는 거짓 세계를 구별한 파르메니데스의 사상을 계승해 독자적 형태로 발전시킨 것으로, 그 요점은 다음과 같습니다: 수학자가 원圓에 대해 생각할 때 그가 생각하고 있는 것은 이 원, 저 원이 아니라 '원 자체'다. 그러나 '원 자체' 따위는 이 세계에는 없다. 그것은 감각의 대상이 아니다. 이 세계에서 감각의 대상은 크기도 다양한 데다 다소 비뚤어진 '원 같은 것'일 수밖에 없다. 그런데도 '원 자체'라는 관념을 우리가 가질 수 있다면 그것은 어디서 비롯하는가? 그것은 분명히 이 세계가 아닌 저 세계, 즉 감각을 초월한 세계에서 비롯한 것이 아니겠는가. 우리의 영혼은 언젠가 죽을 이 육체를 두르고 감각적 세계에서 생을 얻기 전에는 감각을 초월한 세계에 있었다. 그리고 그곳에서 모든 원의 원형을 이루는 '원 자체'(원의 이데아)를 봤던 것이다. 우리가 이런저런 '원 같은 것'을 통해 '원 자체'를 생각할 때 우리는 사실 그 이데아를 본 기억을 되살리고 있는 것이다. 하늘에 떠 있는 단 하나의 달이 지상 곳곳의 물웅덩이와 풀잎의 이슬에 그 그림자를 드리우듯이, 이데아가 투영하는 그림자야말로 감각의 대상이 되는 이 세계의 개체다. 그러므로 철학의 임무는 바로 이성의 눈으로 그림자가 아닌 하늘의 달 자체를, 즉 이데아를 파악하는 것이다.

동굴의 비유

달과 그림자라는 비유는 플라톤이 아니라 제가 만든 것인데, 플라톤은 자신의 대표작 《국가》에서 그 유명한 '동굴의 비유'를 들고 있습니다. 철학을 갖지 않은 사람은 동굴 속 수인囚人과 같다는 얘기입니다: 그들은 철이 들 때부터 동굴 속에서 사슬에 묶여 어두컴컴한 동굴 벽만 볼 수 있게 손발과 목이 고정돼 있다. 그들의 등 뒤에는 불이 있어서, 그 불 앞을 지나는 다양한 사물의 그림자가 동굴 구석 벽에 비친다. 수인은 그 그림자만 볼 수 있으니, 그 그림자를 실재로 여긴다. 우연히 사슬을 끊은 사람이 동굴 밖으로 기어 나가 밝은 현실 세계를 자기 눈으로 직접 보고는 서둘러 동굴로 돌아가 함께 있던 사람들에게 그 사실을 전한다 해도 그들은 쉽게 믿지 못할 것이다. 도리어 밝은 바깥 세계를 보고 온 사람이 그 때문에 눈이 멀어 이전처럼 그림자를 제대로 볼 수 없게 됐음을 불쌍히 여길 것이다. 그러나 정말로 불쌍한 사람은 누구인가?

관념론은 현실을 물구나무서게 한다

그런데 플라톤이 말하는 이데아와 감각의 대상이 되는 사물들 가운데 도대체 어느 쪽이 그림자이고 어느 쪽이 실재일까요? 플라톤이 말하는 이데아야말로 사실은 관념이 만들어 낸, 현실의 그림자가 아닐까요? 원시 사회가 낳은 순진한 관념과 거기서 자라 나온 종교적 색안경을 벗어던지고 밝은 현실 세계로 나갈 길을 제시한 선구자들을 적으로 돌리고, 사람들을 어두컴컴한 동굴 깊숙이 가둬 두려고 애쓴 사람은 바로 플라톤이었습니다. 그리고 덧붙이자면, 이 동굴 속에 묶여 있는 수인의 '원형'은 광산에서 강제 노동을 하던 노예였습니다.

플라톤의 이데아론은 분명히 현실(실재)을 물구나무세우고 있습니다. 그리고 이런 물구나무서기가 바로 관념론의 특징입니다.

"모든 철학의 … 커다란 근본 문제는 사고와 존재의 관계 문제다" 하고 엥겔스는 말했습니다.[20] 곧, "사고와 존재, 정신과 자연의 관계 문제 … 무엇이 근원적인가? 정신인가 아니면 자연인가? 이 문제 … 에 어떻게 답하느냐에 따라 철학자들은 양대 진영으로 분열했다. 자연에 대해 정신이 근원적이라고 주장한 사람들 … 은 관념론 진영을 형성했다."[21] 플라톤은 물질적 존재보다 정신적 존재가 근원적임을 옳다고 '이론적'으로 인정한 최초 인물이며, 이런 의미에서 철학적 관념론의 시조라고 할 수 있습니다. 레닌은 모든 철학사를 관통하는 두 진영의 대립과 투쟁에 대해 다음과 같이 말했습니다. "철학이 2000년에 걸쳐 발전하는 동안 관념론과 유물론의 투쟁이 낡아 빠진 것이었던 적이 있는가? 철학에서 플라톤 경향·노선과 데모크리토스 경향·노선의 투쟁이? … 종교와 과학의 투쟁이?"[22]

철학의 양대 진영 간 대립과 투쟁에 대한 플라톤의 자각

플라톤의 이데아론은 유물론에 맞선 투쟁으로서 의식적으로 전개된 것입니다. 대화편《소피스테스》에서 그는 철학의 근본 문제를 둘러싼 유물론과 관념론의 투쟁을 "실재를 둘러싼 논쟁"이라고 부르며, "신들과 거인의 투쟁이라고나 할 만한 것"이라고 표현합니다. 여기서 "거인"은 유물론자를 가리킵니다. "그[유물론자]들은 만물을 하늘에서 또는 눈에 보이지 않는 곳에서 지상으로 끌어내려 … 물질과 실재를 동일시한다"고 플라톤은 비난합니다. "그래서 그들과 논쟁하는 자들은 아주 조심하며, 어딘가 위에, 눈에 보이지 않는 곳에 서서 자신을 방어하면서 참된 실재는 사유적이고 비물질적인 형상이라고 굳세게 주장한다. 그리고 저 작자들이 말하는 물체나 이른바 진리를 논쟁을 통해 산산이 부수고, 그것은 실재가 아니라 단지 유동하는 일종의 생성이라고 말한다. 이렇게 그들 사이에는 언제나 이 문제를 둘러싼 무서운 투쟁이 계속되고 있다."

"고귀한 거짓말"인 신화로의 복귀를 소망하다

사실 플라톤의 이런 관념론 지향은 민주 정치에 맞선 귀족적 반동의 일원이었던 그의 문제의식에서 비롯한 것으로, 이오니아 자연학 이래 존재한 무신론적 유물론의 흐름을 때려잡아 민주 정치의 해악에서 벗어나고 가능하면 전통적 질서를 지탱하는 신화로 복귀하고 싶다는 것이었습니다. 대화편 《국가》에서 플라톤은 신화가 "거짓말"이고 "지어낸 얘기"이지만 그것 없이는 사람들을 신성한 전통적 질서 아래 복종시킬 수 없기 때문에 "고귀한 거짓말"이라고 말합니다. 그러고는 "입에 담기도 부끄러운 지어낸 얘기이지만" 하고 우물거리며 "이걸로 사람들을 설복할 수는 없겠는가?" 하고 꺼내 든 것이 다음과 같은 말입니다: 그대들이 지금까지 받은 교육은 사실은 전부 꿈 같은 것이다. 사실 지금까지 그대들은 쭉 땅 아래 있었고, 그곳에서 만들어지고 길러졌다. 이제 그대들은 어머니인 대지에 의해 밝은 지상으로 보내졌다. 그러니 그대들은 자신이 살고 있는 국토를 자신의 어머니라 생각하고 유모라고 생각하며 그것에 봉사하고, 외부의 적들에게서 그것을 보호해야 한다. 그러나 그대들은 모두 같은 대지에서 태어난 형제들이지만 신은 그대들 가운데 통치자에 적합한 자들을 만들 때 황금을 섞었다. 그러니 이 사람들은 가치가 가장 높다. 다음으로 조역에 적합한 자들에게는 은을, 농민과 그 밖의 장인들에게는 철이나 청동을 섞었다. 그러므로 그대들은 각자의 영혼이 어떤 금속으로 만들어졌느냐에 따라 그 자연의 성질에 걸맞은 위치에 서야 한다. 분수를 어기면 국가가 멸망할 것이라는 신의 말씀이 있었다고 생각하고 그렇게 해야 한다.

뭐, 이런 식으로 사람들을 설득하고 싶다고 말이죠. "동굴의 비유"가 떠오르는 대화인데, 훨씬 솔직한 데다 노골적이기까지 합니다.

그러나 역시 "이런 말로는 지금 세대 사람들이 믿게끔 할 도리가 전혀 없다"는 게 그의 한탄입니다. "하지만 그 자식과 손자들, 그 후대 사람들이 믿도록 만들 수는 있을 것이다."

플라톤은 "고귀한 거짓말"의 세련된 형태로서 철학적 관념론을 의식적으로 만들어 냈다

플라톤은 소크라테스가 유일하게 등장하지 않는 대화편인 그의 말년 작《법률》에서 더 분명하고 강경하게 묻습니다. "조금이라도 쓸모 있는 입법가로서 청년들을 위해 거짓말을 할 수 있는 사람들은 청년들이 강제적으로가 아닌 자발적으로 언제나 올바른 행위를 하도록 만들어 줄 거짓말을, 더 쓸모 있고 더 설득력 있는 그런 거짓말을 발명할 수는 없었는가?" 그리고 동시에 말하기를 "진리는 아름답고 불멸하지만, 그것을 사람들이 믿게 만드는 것은 쉬운 일이 아니다." 플라톤은 이렇게나 태연하게 "거짓말"과 "아름답고 불멸하는 진리"를 같은 것으로 보고 있습니다!

플라톤이 그린 이상理想은 "조상으로부터 대대로 내려온 것을 다른 것으로 혁신하거나 새로운 것을 꺼내 드는 것을 허용하지 않는" 국가 체제였습니다. 플라톤은 정치인들에게 그런 국가 체제를 확립하라고 요구했던 것입니다. 그러나 그는 정치인들에게 요구하는 데 그치지 않고 "고귀한 거짓말"을 한층 세련되게, 즉 "입에 담아도 부끄럽지 않을" 만큼 공을 많이 들인 형태로 철학적 관념론을 만들어 냄으로써 스스로 그 과제의 한 축을 담당하려 했습니다. 이렇게 철학자가 스스로 국가 통치자가 돼야 한다는 것, 또는 통치자가 스스로 이런 철학자가 돼야 한다는 것, 이것이 그 유명한 "철인정치哲人政治"의 이상이며 플라톤 철학의 궁극적 결론입니다.

4. 고대 철학의 종합과 해체

그러나 플라톤의 이데아론은 그의 제자 아리스토텔레스(기원전 384~322년)에 의해 통렬하게 반박됩니다. 아리스토텔레스는 "고대 그리스 철학자들 … 가운데 가장 박식한 두뇌"였고,[23] "사색의 거인"이라고[24] 할 만한 인물이었습니다. 그는 천문학·물리학·생물학·논리학·정치학·시학詩學 등 당시 가능한 모든 학문 분야에서 가능한 모든 재료를 모아 경험적 연구를 시도했습니다. 그런 그의 현실적 학풍으로 볼 때 현실과 동떨어진 플라톤의 주장은 도저히 받아들일 수 없는 것이었습니다.

이데아론에 대한 아리스토텔레스의 유물론적 비판

플라톤이 '이데아'라고 부른 것은 인식론의 관점에서 보자면 바로 다양한 개체 속에 있는 보편적(일반적)인 것을 뜻합니다. 예컨대, 현실에 존재하는 이 집, 저 집, 이 개, 저 개는 제각기 다른 특수성이 있지만 동시에 공통된 일반적 특징이 있기 때문에 똑같이 '집'이나 '개'로 불리는 것입니다. 인간의 인식은 이런 일반적인 것을 개별적인 것에서 분리해 "신격화된 절대자로까지 일면적으로 … 부풀려"[25] 버렸습니다. 이 집, 저 집, 이 개, 저 개는 참된 실재가 아니며, '집 일반', '개 일반'(집이나 개의 이데아)만이 참된 실재다, 이렇게 말이죠.

그건 이상하다, 아리스토텔레스는 말합니다. 확실히 이상한 얘기죠. 이데아계界의 개집(즉, 개집의 이데아)에는 멍멍이나 누렁이나 바둑이가 아닌 셰퍼드도 불도그도 아닌 '개 일반'이, 다시 말해 '개의 이데아 자체'가 살고 있고, 그것만이 진정으로 실재하는 개란 말인가요? 그런 웃기는 얘기가 어디 있냐, 이 개, 저

개, 이 집, 저 집과 같은 개별적인 것이야말로 제1의 실재이고, 일반적인 것은 개별적인 것 속에서만 실재하는 것이라고 아리스토텔레스는 말합니다. 당연하다면 당연한 얘기이지만, 이것은 유물론적이고 변증법적으로 뛰어난 비판입니다. 아리스토텔레스는 이 일격으로 현실 세계와 동떨어진 이데아계 따위의 환상을 분쇄해 버렸습니다.

이렇게 '이데아'에서 초현실적 요소를 벗겨 낸 그는 그것을 '형상形相'(모양)이라 부르고, 현실 세계에 실재하는 개체를 '질료質料'(물질적 요소)와 '형상'의 결합체로 설명합니다. 예컨대, 이 집, 저 집은 목재와 석재 등의 질료와 집이라는 형상이 결합해 이뤄진 것이라고요. 그런데 이것만으로는 완성된 집을 설명할 수는 있어도 집이 어떻게 만들어지는지는 알 수 없습니다. 집은 처음부터 집이었던 게 아니고 아직 집이 아닌 것에서 집이 된 것이니까요. 그러자 그는 목재와 석재 등 질료는 그것만으로는 아직 현실의 집이라고 할 수 없고 '가능태可能態'로서의 집일 뿐이며, 집의 형상이 주어졌을 때 비로소 '현실태現實態'로서의 집이 된다고 말합니다. 이처럼 그는 사물의 생성 변화를 가능태에서 현실태로의 변화로 이해했습니다.

도토리는 아직 떡갈나무가 아니지만, 아리스토텔레스의 용어로 말하면, 도토리는 '떡갈나무의 가능태'입니다. 미래 떡갈나무의 모양(형상)은 도토리 안에 있는 떡갈나무의 질료 자체에 가능성으로 내포돼 있으며, 그것이 현실화해 가는 과정이 말하자면 도토리가 떡갈나무로 성장하는 과정이라고 말입니다.

엥겔스가 "이미 아리스토텔레스는 변증법적 사고의 가장 근본적인 형태를 연구하고 있었다"고[26] 한 말은 아리스토텔레스의 이런 인식 방법을 가리킨 것입니다. 그것은 뛰어난 유물론적 인식 방법이기도 합니다. 집을 예로 들자면, 목수의 노동이 가능태인 집을 현실태인 집으로 변모시키는 '동력인動力因'으로 작용한다고 그는 말합니다.

이런 분석 속에서 아리스토텔레스는 선행한 여러 철학들을 비판적으로 종합하려고 했습니다. 질료에 주목한 것은 이오니아 자연학의 공적이고, 형상에 주목한 것은 플라톤의 공적이며, 동력인에 주목한 것은 다원론자의 공적이라는 식으로 말입니다. 그러나 여기서 아리스토텔레스는 다시 '목적인目的因'이라는 그의 독자적 사상을 보탭니다.

아리스토텔레스의 관념론과 노예 소유주 계급의 이데올로기

'목수가 집을 지을 때 그에게 주어진 것은 단순히 집의 질료뿐인가? 우선, 집의 형상, 즉 현실태인 집의 이미지가 그에게 목적으로서 주어져 있는 게 아닐까? 그것이 그를 움직여 건축 작업을 하게 만든다. 목적은 운동의 종료일 뿐 아니라 오히려 운동의 시작이고, 운동의 궁극적 원인이다.' 아리스토텔레스는 이렇게 논합니다. 여기서 그는 형상이 질료보다 앞서고 더 중요한 것이며, 오히려 현실태가 가능태에 선행한다는 결론을 이끌어 냈습니다.

'목적인'에 대한 그의 이런 생각은 생물학 연구를 일부 근거로 삼았습니다. 꽃의 꿀이 꿀벌의 목적이기에 꿀이 꿀벌을 끌어당기듯이, 일반적으로 무언가의 목적인 것은 그것이 바로 목적이기 때문에 다른 무언가를 움직인다는 것입니다. 그러나 다른 한편, 이미 생산 과정에서 유리된 노예 소유주 계급이라는 그의 입장이 다분히 유물론적 경향이던 그 자신의 사상을 관념론적 결론으로 이끌었다는 점을 지적해야 할 것입니다. 그는 육체노동을 노예나 하는 천한 일로 보고, 그 노동의 성과를 조용히 조망하며 음미하는 것을 자유인다운 고상한 생활로 봤습니다. 인간에게 육체는 질료이고, '이성적 영혼'은 형상이며, 비실천적인 관상觀想 생활이야말로 삶의 이상이라고 그는 말합니다. 이런 생각 위에서 다시 아리스토텔레스는 세계의 운동·변화의 근원에는 만물이 지향하는 목적으로서 어떠한 질료도 갖지 않는 순수한 형상, 즉 스스로는 움직이지 않고 다른 모든 것을 움직이는 '부동의 동자動者'인 신이 있다고 설명합니다.

이렇게 해서, 아리스토텔레스가 이룩한 고대 철학의 종합은 정신이야말로 근원적이라는 관념론과, 완결된 모습에만 사물의 본질이 있다는 형이상학의 테두리 안에 갇혀 버렸습니다. 그 속에서 그가 편 주장이 "플라톤의 관념론에 견주면 … 종종 더 유물론"이었고, 또한 "변증법의 생생한 맹아"를[27] 보여 줬음에도 말입니다.

그러나 이런 약점이 있었으면서도 "플라톤의 '이데아'에 대한 아리스토텔레스의 비판은 관념론 일반에 대한 비판"[28] 성격이 있었습니다. 플라톤 관념론의 근거를 공략한 관념론자 아리스토텔레스의 비판에서 승리한 것은 아리스토텔레스의 유물론이었습니다. "어떤 관념론자가 다른 관념론자의 근거를 비판할 때 그 투쟁으로 성과를 올리는 것은 언제나 유물론이다. 아리스토텔레스 대 플라톤 등등."[29] 이렇게 레닌이 적었듯이요.

폴리스의 종언과 고대 철학의 창조적 시대의 종언

아리스토텔레스의 철학은 고대 그리스, 더 나아가 고대 유럽 전체의 창조적 철학 정신의 마지막 반짝임이었습니다. 고대 그리스 철학을 꽃피운 토양은 도시국가(폴리스)의 노예제 민주주의였습니다. 그러나 노예제 민주주의가 내포한 모순은 플라톤 시대에 이미 위기 상황을 드러내고 있었고, 아리스토텔레스 시대에는 폴리스 자체가 괴멸돼 버렸습니다. 폴리스의 괴멸과 함께 고대 철학의 창조적 시대는 종언을 고했습니다. 이 괴멸을 초래한 것은 한때 아리스토텔레스가 가정교사로서 가르친 마케도니아의 왕 알렉산드로스였습니다.

알렉산드로스가 유럽·아시아·아프리카 3대륙에 걸친 대제국을 건설하자 철학을 포함한 그리스 문화는 동쪽의 이집트를 비롯한 당시 유럽 세계에 널리 전파됐습니다. 그러나 알렉산드로스 후계자들의 시대부터 로마 공화정 시대를 거쳐 로마제국 말기에 이르기까지 거의 800년 동안, 당시 유럽 세계의 철학은 한때 꽃피웠던 고전 그리스 철학의 미약한 변주곡 수준을 넘지 못했습니다. 이 (헬레니즘) 시기 철학의 일반적 특징은, 관념론은 물론 유물론조차도, 개인적인 안심입명安心立命[진리를 깨닫고 삶과 죽음을 초월해 마음의 편안함을 얻는 것]을 얻기 위한 처세술(처세의 지혜)을 탐구하는 것으로 그 목적이 작고 초라해진 것입니다.

회의파의 불가지론

이런 특징을 가장 명백하게 보여 주는 것이 피론(기원전 360년경~270년경)을 시조로 한 피론주의자들의 사상입니다. 보통 '회의파懷疑派'로 번역됩니다. 인간은 무슨 일이든 그렇다 아니다를 단정할 수 없고, 굳이 그것을 단정하려 하면 마음의 불안과 동요가 일어나기 때문에 무슨 일이든 판단을 삼가야 마음의 평정을 얻을 수 있다는 것이 이 학설의 핵심입니다. 이것은 불가지론의 최초 등장이기도 했습니다. 이 회의적 불가지론 사상은 플라톤이 세운 학교인 아카데메이아의 후계자들 사이에도 차츰 짙게 침투해 갔습니다. 불가지론을 버팀목 삼아 플라톤 관념론의 정수를 유지하려고 한 것입니다.

스토아 학파의 숙명론적 염세관과 개인윤리적 도덕주의

그런대로 유물론적 관점에 서서 출발한 학파로는 '스토아 학파'라고 불리는 것이 있습니다. 그러나 이 학파는 헤라클레이토스의 철학을 개작해, 살아 있는 미세한 불 같은 물질을 근원적 실재로 보면서도 그것을 '신'이라고 부르고 '세계 이성'이라고 부르고 '운명'이라고도 또 '섭리'라고도 부르는 등, 그 두드러진 특징은 관념론과의 절충이었습니다. 그들은 회의파와는 달리, 인간 이성은 세계의 법칙성을 올바르게 알아차릴 능력이 있다고 주장했지만, 이 주장은 결국 부동의 법칙성에 의식적으로 순종함으로써 마음의 평온을 유지할 수 있다고 설명하기 위한 것이었습니다. 이들은 차츰 플라톤 관념론에 가까이 접근해 신비주의 경향을 강화하거나 숙명론적 염세관을 깊이 간직한 개인윤리적 도덕주의의 설교로 빠져들었습니다.

스토아 학파의 도덕주의는 극기와 욕망 억제를 두드러지게 강조했는데, 이 때문에 후대에는 '심한 도덕주의'나 '금욕주의'를 가리켜 '스토아주의'라고 부를 정도였습니다. 그러나 사실 그런 태도는 자멸해 가는 노예제 사회의 심각한 부패를 반영한 것에 불과했습니다. 향락에 싫증난 귀족들이 이런 설교사들을 곁에 두는 것이 유행했고, 염세주의를 입에 담는 것이 교양을 과시하는 액세서리처럼 됐습니다. 이것은 더 나아가 죽음을 동경하기에 이르렀고, 자살이 유행하고 찬미되는 병적 현상으로까지 나타났습니다. 스토아 학파 철학자로 많은 저술을 남긴 정치인 세네카(기원전 4년~기원후 65년)는 철학이란 사람들에게 "죽는 방법을 가르치는 것"이라고 했습니다.[30]

'현자의 종교'로서 에피쿠로스 학파의 유물론

이런 가운데 조금이나마 건강한 의식을 간직했던 것은 데모크리토스의 원자론적 유물론을 계승한 에피쿠로스(기원전 341~270년)의 학파뿐이었습니다. 이 학파는 이성과 감정의 조화로운 삶을 현자의 이상으로 추구했습니다.

그러나 이 학파가 원자론적 유물론의 입장을 취한 것도 그래야 "마음의 고뇌"를 가장 잘 없앨 수 있어 마음의 평정과 확신을 유지할 수 있다고 생각했기 때문이지, 다른 이유는 없었습니다. 가령 모든 자연 현상을 정확히 설명할 수 없더라도 "죽음과 종교의 두려움을 없앨" 수만 있다면 그걸로 충분하고, 그럴 수만 있다면 설명 방법이 여러 개여도 상관없다고 (에피쿠로스는 말)합니다. 여기에는 세계의 참된 모습을 이성적으로 규명해 보고자 하는 태도가 더는 없습니다.

"죽음과 종교의 두려움을 없애"는 것이 철학의 목적이라고 할 때도 그는 무신론을 주장하지 않습니다. 그는 "신들은 분명히 존재는 한다"고 말합니다. 그러나 일반적인 믿음과는 다르다고 합니다. 왜냐하면 희로애락의 감정에 사로잡혀 자연 현상이나 인간사에 개입하는 것은 "지복至福의 존재"인 신들에게는 어울리지 않기 때문이라는 것입니다. 그는 수많은 세계가 존재한다는 데모크리토스의 생각을 받아들이면서, 그런 세계들 사이에는 "틈새"가 있고 신들은 그 틈새에 조용히 안주하고 있다고 설명했습니다. 《자본론》을 읽어 본 사람이라면, 마르크스가 고대의 본격적 상업 민족이 "고대 세계 사이의 오직 틈새에만 존재한다"는 점을 지적하면서 "마치 [둘 이상의 세계 사이에 사는] 에피쿠로스의 신들처럼"이라고 한 말을 떠올릴 것입니다.[31]

그러므로 신들은 존재하지만 자연이나 인간에 간섭하지 않으니 자연계와 인생의 여러 현상들은 어찌 됐든 신들을 빼고 유물론적으로 설명될 수 있고, 그렇게 이해될 때에만 "결코 영혼의 동요 없이 인간들 사이에서 마치 신처럼 사는 것"이 가능해진다는 것이 에피쿠로스 철학의 핵심입니다. 그런 이유로 에피쿠로스 철학은 비록 유물론이었지만 은둔하는 '현자의 종교'라고나 부를 법한 것으로 변질돼 버렸습니다. 에피쿠로스가 죽은 뒤 이 학파는 그를 신으로 숭배하는 데까지 나아갔습니다.

시대가 그랬습니다. 그래서 엥겔스는 말합니다. "그 무렵은 로마와 그리스에서조차, 소아시아와 시리아와 이집트에서는 더더욱, 다종다양한 종족들의 극단적인 미신들이 완전히 무비판적으로 뒤죽박죽 섞여 맹목적으로 받아들여지고 신앙을 가장한 기만과 노골적 허풍이 그 위에 덧칠되던 시대였다. 기적·신내림·환각·강신술·예언·연금술·밀교와 그 외 비밀스런 주술이 활개를 치던 시대였다."[32] 오늘날에도 어디에선가 벌어지고 있는 모습 같지 않나요?

신플라톤학파 신비주의의 등장

이런 시대 분위기 속에서 회의파의 불가지론을 들여와 간신히 숨은 돌렸지만 이론적으로는 무력하고 소극적이게 된 플라톤 관념론이 3세기에 이르러 신비주의적 철학으로 되살아납니다. 신新플라톤학파라고 불리는 것입니다. 그 선구적 역할을 한 인물이 유대교와 그리스 철학을 결합하려 한 알렉산드리아[헬레니즘 문명의 중심지]의 필론(기원전 20년경~기원후 50년경)이었지만, 이 학파를 본격적으로 대표한 인물은 역시 알렉산드리아의 플로티노스(기원후 204년경~270년)였습니다.

그는 플라톤의 이데아론을 개작해, 세계의 근원은 '일자一者'라 불리는 신적 존재이고, 마치 샘에서 물이 흐르기 시작하듯 '일자'로부터 만물이 유출된다고 주장했습니다. 그 첫 번째 유출이 신적 존재인 '일자'의 사고 내용으로서 이데아의 세계이고, 그것이 순차적으로 흘러내려 신으로부터 가장 먼 물질세계에까지 이른다고 주장했습니다. "그는 자신이 육체 안에 있는 것을 부끄러

워했다"고 그의 제자는 전합니다. 영혼이 육체라는 감옥에서 벗어나 순화되고 그 고향인 신적 '일자'로 상승·귀환하는 길을 추구하는 것, 그것이 철학의 과제라고 합니다.

5. 고대 말기의 대중 운동과 종교

억압받는 대중에게 공통된 해방의 길은 종교적 상상 속에만 있었다

그렇다면, 노예제 로마제국에서 억압받고 천대받고 무력한 처지에 놓인 하층민들, 즉 노예와 해방 노예, 가난한 자와 권리 없는 자, 채무노예로 전락해 가는 속령 지방의 소농 등등이 구원되고 해방될 길은 어디에 있었을까요?

"이 모든 인자들이 해방되기 위한 공통의 길은 결코 존재하지 않았다"고 엥겔스는 말합니다. 왜냐하면 그들은 "서로 소원하거나 서로 이해관계가 대립하는 여러 종류의 인간 무리"로 존재하고 있었고, 더욱이 "그들 모두에게 낙원이란 이미 잃어버린 것으로, 오로지 등 뒤에만 존재하고 있었"기 때문입니다. 즉, 그들이 뒤돌아야 볼 수 있는 잃어버린 낙원이란, "몰락한 자유민에게는 그들의 선조가 그 옛날 자유시민으로 존재했던 한때의 폴리스[도시국가]이고, 전쟁 포로로 노예가 된 자들에게는 예속과 속박 아래 놓이기 전의 자유 시대이고, 소농에게는 몰락한 씨족사회나 토지 공동체"였습니다. 그러나 "이 모든 것은 정복자 로마의, 만인에게 평등한 철권통치에 의해 이미 박살나 있었"던 것입니다.[33]

현실에 출구가 없다면 그 길은 종교적 상상의 세계에서 찾을 수밖에 없습니다. 현세에서 해방될 희망이 굳게 닫혀 있는 한, 내세에서 해방되기를 희망하는 것만이 그들에게 남겨진 유일한 길이었던 것입니다. 그리스도교의 성립은 이 일과 깊이 관련돼 있습니다.

원시 그리스도교의 계급성

그리스도교는 먼저 "천대받는 자들의 운동"으로 등장해, "노예와 해방 노예, 가난한 자와 권리 없는 자, 로마에 의해 억압받고 뿔뿔이 흩어진 사람들의 종교로 출현"했습니다.[34] 발생 당시 원시 그리스도교의 이런 성격은 한참 나중에야 작성된 복음서에도 그 흔적을 남기고 있습니다. "고생하며 무거운 짐을 진 너희는 모두 나에게 오너라"(마태오복음서 11장 28절) 하고 부르고, "행복하여라, 가난한 사람들! 하느님의 나라가 너희 것이다. 행복하여라, 지금 굶주리는 사람들! 너희는 배부르게 될 것이다. 행복하여라, 지금 우는 사람들! 너희는 웃게 될 것이다" 하고 말하며 "그러나 불행하여라, 너희 부유한 사람들! 너희는 이미 위로를 받았다. 불행하여라, 너희 지금 배부른 사람들! 너희는 굶주리게 될 것이다. 불행하여라, 지금 웃는 사람들! 너희는 슬퍼하며 울게 될 것이다"(루가복음서 6장 20~25절) 하고 설교해 그 계급성을 분명하게 드러냅니다.

더구나 "하느님의 나라"는 신자가 죽은 후에야 열리는 것이 아니라 악마의 세력과 격렬한 투쟁을 벌여 쟁취하는 것이었고, 어떤 문서에서 로마 황제는 악마의 세력이 인간으로 화신한 존재로 지목됩니다. 《신약성서》의 요한묵시록에서 "짐승"이라 불리며 "666"이라는 암호로 지목된 것이 바로 로마 황제입니다.*

이런 "하느님의 나라" 믿음에 따라 원시 그리스도교 신도들은 "기존 세계를 상대로 한 투쟁 속에 있으며 이 투쟁에서 승리하리라는 감정"으로 불타오를 수 있었던 것입니다. "그것은 오늘날

---

* "그들은 한뜻이 되어 자기들의 권능과 권한을 짐승에게 넘겨주고"(요한묵시록 17장 13절) "또 낮은 사람이나 높은 사람이나, 부자나 가난한 자나, 자유인이나 종이나 할 것 없이 모두 오른손이나 이마에 표를 받게 하였습니다. 그리하여 짐승의 이름이나 그 이름을 뜻하는 숫자로 표가 찍힌 사람 말고는 아무것도 사거나 팔지 못하게 하였습니다. 여기에 지혜가 필요한 까닭이 있습니다. 지각이 있는 사람은 그 짐승을 숫자로 풀이해 보십시오. 어떤 사람을 가리키는 숫자입니다. 그 숫자는 육백육십육입니다"(요한묵시록 13장 16~18절) 하고 쓰여 있습니다. 이 수수께끼 같은 문장은 《자본론》의 화폐에 관한 서술 속에 인용돼 있는데, 이 문장을 보고 고개를 갸우뚱한 분들도 있을 겁니다. 이것은 히브리 문자가 숫자로도 대신 사용된 데에 따른 것으로, 그리스어 '네로 황제'를 히브리 문자로 쓰고 각 철자가 뜻하는 수를 합하면 육백육십육이 되는 거죠.

의 그리스도교인들은 완전히 잃어버렸으나 현대 사회의 다른 극, 즉 사회주의자들에게서만 찾아볼 수 있는 투지와 필승의 신념"이라고 엥겔스는 지적합니다.[35]

박해는 도리어 그들을 분발하게 했습니다. 왜냐하면 그것은 "하느님의 나라"가 가까워지고 있다는 증거이니 "기뻐하고 뛰놀아라. 보라, 너희가 하늘에서 받을 상이 크다"(루가복음서 6장 23절) 하고 생각했기 때문입니다.

원시 그리스도교의 변질

그러나 머지않아 이 운동 속에 미묘한 변화가 나타납니다. 그것은 앞서 소개한 "행복하여라, 가난한 사람들! 하느님의 나라가 너희 것이다" 하는 말, 이른바 '산상설교'로 예수가 했다고 전해지는 말이 다른 복음서에는 "행복하여라, 마음이 가난한 사람들! 하늘 나라가 그들의 것이다"(마태오복음서 5장 3절)로 바뀐 데서 볼 수 있는 변화입니다. "마음이 가난한 사람"이란 '[신 앞에서] 겸손한 사람'을 뜻한다고 일반적으로 주석이 달려 있습니다. 마찬가지로, "행복하여라, 지금 굶주리는 사람들"도 "행복하여라, 의로움에 주리고 목마른 사람들"(마태오복음서 5장 6절)로 바뀌었고, 이와 짝을 이루던 부자들에 대한 저주는 자취를 감췄습니다.

이 변화는 구원으로서 "하느님의 나라"의 성격이 초기와는 크게 달라져, "하느님의 나라는 눈에 보이는 모습으로 오지 않는다.

또 '보라, 여기에 있다', 또는 '저기에 있다' 하고 사람들이 말하지도 않을 것이다. 보라, 하느님의 나라는 너희 가운데에 있다"(루가복음서 17장 20~21절) 하고 설명하는 경향이 나타나기 시작한 것과도 관련 있습니다. 사실 이런 변화의 가능성은 종교가 종교인 한 본질적으로 처음부터 내포돼 있던 것입니다. 왜냐하면 종교의 특징은 결국 현실적 해방이 아닌 상상적 해방, 즉 사후의 구원이나 천국에서의 구원이나 영적인 구원을 받는 데 있기 때문입니다. 이것은 자기 힘으로 스스로 구원하는 것이 아니라 신이나 그 밖의 초자연적 힘에 구원의 희망을 의탁한다는 종교의 또 다른 기본 특징과도 연결돼 현실의 계급투쟁으로부터 도피하도록 만듭니다. "우리의 전투 상대는 인간이 아니라, … 하늘에 있는 악령들입니다"(에페소인들에게 보낸 편지 6장 12절). 산상설교에 가미된 변화는 원시 그리스도교의 계급성이 변질되기 시작했음을 보여 줍니다.

바울로의 편지가 강조하는 권력에 대한 순종

이렇게 원시 그리스도교의 계급성이 변질된 것은 일찍이 바울로의 편지에서도 분명하게 표명됩니다. 그런 변질로 말미암아 향후 그리스도교의 방향성이 결정되는 동시에, 그리스도교가 로마의 각계 각층에 널리 받아들여질 수 있게 됐습니다. 바울로의 편지에서 몇 대목을 옮겨 보겠습니다.

사람은 누구나 위에서 다스리는 권위에 복종해야 합니다. 하느님에게서 나오지 않는 권위란 있을 수 없고, 현재의 권위들도 하느님께서 세우신 것입니다. 그러므로 권위에 맞서는 자는 하느님의 질서를 거스르는 것이고, 그렇게 거스르는 자들은 스스로 심판을 불러오게 됩니다. 사실 지배자들이란 악행을 할 때에나 두렵지 선행을 할 때에는 두렵지 않습니다. 그대는 권위를 두려워하지 않기를 바랍니까? 선을 행하십시오. 그러면 권위로부터 인정을 받을 것입니다. 지배자는 그대의 이익을 위하여 일하는 하느님의 일꾼입니다. 그러나 그대가 악을 행할 경우에는 두려워하십시오. 그들은 공연히 칼을 차고 있는 것이 아닙니다. 그들은 악을 저지르는 자에게 하느님의 진노를 집행하는 그분의 일꾼입니다. 그러므로 하느님의 진노 때문만이 아니라 양심 때문에도 복종해야 합니다. 여러분이 조세를 바치는 것도 이 때문입니다. 그들은 바로 이러한 일에 정성을 다하는 하느님의 심부름꾼입니다. 여러분은 모든 이에게 자기가 해야 할 의무를 다하십시오. 조세를 내야 할 사람에게는 조세를 내고 관세를 내야 할 사람에게는 관세를 내며, 두려워해야 할 사람은 두려워하고 존경해야 할 사람은 존경하십시오(로마인들에게 보낸 편지 13장 1~7절).

종 여러분, 그리스도께 순종하듯이, 두려워하고 떨면서 순수한 마음으로 현세의 주인에게 순종하십시오(에페소인들에게 보낸 편지

6장 5절).

종들에게도 권고하여, 어떠한 일에서나 주인에게 복종하고 주인 마음에 들도록 하며, 말대꾸를 하거나 훔치지 말고, 늘 온전한 성실성을 보여, 우리 구원자이신 하느님의 가르침을 빛내게 하십시오(디토에게 보낸 편지 2장 9~10절).

종살이의 멍에를 메고 있는 이들은 누구나 자기 주인을 크게 존경해야 할 사람으로 여겨야 합니다(디모테오에게 보낸 첫째 편지 6장 1절).*

억압받는 사람들의 종교에서 억압하는 사람들의 종교로

이렇게, 원래 피억압민의 종교로 출발한 그리스도교가 이제 억압자의 종교와 종이 한 장만큼의 차이만 남겨 놓게 됩니다. 그런데 남겨진 한 장의 종이도 머지않아 찢기게 됩니다. 그리스도교도를 박해하던 로마 황제 자신이 그리스도교인이 됐고, 얼마 뒤에는 그리스도교가 로마제국의 국교가 됐기 때문입니다.

---

* 여성을 대하는 태도도 마찬가지입니다. "여자는 조용히 또 온전히 순종하는 자세로 배워야 합니다. 나는 여자가 남을 가르치거나 남자를 다스리는 것을 허락하지 않습니다"(디모테오에게 보낸 첫째 편지 2장 11~12절). 이 말은 뒤집어 보면 원시 그리스도교 운동에 여성 지도자가 적지 않았음을 알려 줍니다.

로마제국이 그리스도교를 받아들인 사상적 기반은, 앞서 본 것처럼 이미 빈사 상태였던 로마제국의 속물 철학이 닦고 있었습니다. 즉, "육체는 죽어 없어져도 영혼은 존속한다는 생각이 로마 도처에서 차츰 일반적인 신조信條가 됐"고, "지상에서 한 행위는 사후에 영혼이 어떤 방식으로든 보상이나 벌을 받게 된다는 생각도 차츰 널리 믿어지게 됐"습니다. 그러나 "그러면 어떤 응보가 있다는 거냐 하는 문제에는 전혀 답을 내놓지 못하고" 있었는데, 이것은 "고대는 너무나 자생적으로 유물론적이어서 그림자 나라의 생활이 지상의 생활보다 훨씬 가치 있다는 식으로 생각될 수 없었"기 때문입니다. "거기에 그리스도교가 나타나 내세에서 받을 보상과 벌을 본격적으로 다루며 천국과 지옥을 만들어 냈"습니다. 이제야 비로소 "고생하며 무거운 짐을 진 사람들을 현세의 눈물의 골짜기에서 끌어내 영원한 낙원으로 인도하는 탈출의 길을 발견할 수 있게 된 것"입니다. "또한 사실 이런 내세에서의 상급賞給이라는 기대가 있었기에 비로소 스토아적·필론적 현세 포기와 금욕이, 피억압 대중을 사로잡은 새로운 세계종교의 윤리적 기본 원리로 승격될 수 있었"습니다.[36]

하지만 그것이 결국 피억압 대중을 사로잡아 어디로 데려갔을까요? 그것은 이미 살펴본 바와 같습니다. 여기서 〈주교와 노예〉라는 노래를 인용할 수 있을 것입니다. "주교가 엄숙한 목소리로 하느님 나라를 입에 담을 때 우리는 배가 고프다. 그러자 주교는

간사한 목소리로, '기다리시오. 머지않았소. 하느님 나라로 갈 날이 옵니다. 일하시오, 참으시오, 죽으면 천국에서 먹을 수 있습니다'" 하는 노래입니다.

바야흐로 고대하던 때 그리스도교가 나타났던 것입니다. 그것은 "옛 세계의 붕괴 과정 자체가 낳은 필연적 산물"이었고, 그렇게 그리스도교는 그 붕괴 과정에서 저항하고 살아남아 중세를 향해 성장해 나아가게 됩니다.[37]

3장
봉건 사회와 그 해체기의 유물론과 관념론

1. 스콜라 철학의 형성과 그 내부 모순

중세에서 신학의 제패

고대의 몰락은 중세의 시작이었습니다. 그러나 중세는 고대 문명의 정점에서 출발할 수 없었습니다. 중세는 화려한 고대 문명의 그늘에 버려져 몽매한 안개 속에 갇혀 있던 변두리 지역들에 자리 잡으며 그 걸음을 떼기 시작했습니다. 더구나 고대 문명 자체가 이미 부패해 해체됐기 때문에 "몰락한 고대 세계로부터 중세가 물려받은 것은 오직 그리스도교와, 반쯤 파괴돼 그 문명을 모조리 빼앗겨 버린 도시 몇 곳뿐"이었습니다. 이런 사실 때문에 중세 문화 전체가 하나의 두드러진 특징을 띴습니다. 즉, "성직자가 지적 교양을 독점하고, 그로 말미암아 교양 자체가 본질적으로 신학의 성격을 띠게 됐다"는 특징입니다.[1]

빈사 상태의 로마제국에 적합한 종교로서 모습을 갖춘 그리스도교는 "중세에는 봉건제의 발전에 발맞춰 그에 조응하는 종교가 됐고, 그 제도에 조응하는 봉건적 위계제를 갖춘" 종교로 발전했습니다. 바로 가톨릭 교회라고 불리는 것입니다. 이런 가톨릭 교회하에서 중세는, 그 기간 내내 "신학 외의 모든 이데올로기 형태 — 철학·정치학·법학 — 를 신학으로 합병하고 신학의 한 부문으로 만들어" 버렸습니다.[2] 물론 "모든 지적 활동 영역에서 신학의 이런 패권은 동시에 현존 봉건 지배를 가장 보편적으로 총괄하고 신성화한 교회의 지위에서 나온 필연적 결과이기도 했"습니다.[3]

정치학과 법학을 보면, "성직자들의 수중에서 정치학과 법학은 나머지 모든 학문들과 마찬가지로 신학의 단지 한 부문에 불과했고, 신학에서 통용되는 것과 동일한 원리에 따라 다뤄졌다. 교회의 교리는 그대로 정치적 공리였고, 성경 구절은 모든 법정에서 법률과 같은 효력이 있었"을 정도로 말이죠.[4]

철학을 보자면, "철학은 신학의 시녀"라는 [11세기 베니딕토회 수도승 페트루스 다미아니의] 말이 철학에 대한 신학의 패권을 보여 줍니다. 한편, 이런 구호가 제창됐다는 것은 시녀의 지위를 철학에 강요해야 할 정도로 철학 측에서 계속된 움직임이 있었음을 방증합니다. 그도 그럴 것이, 신학 자체가 처음부터 철학의 힘을 빌려 형성된 것이었으니까요.

교부 시대 신학과 철학의 관계

그리스도교가 교의[공식 교리]를 확정하고 체계화하는 데는 스토아 학파의 철학과 특히 신플라톤학파의 속물 철학이 채용됐습니다. 교의의 기본 줄거리는 대부분 4세기에 확정됐지만 이를 체계화하는 일은 이후에도 이어졌고, 8세기 말에 이르러 겨우 가톨릭 교회의 정통 교의 체계가 권위를 확립하게 됩니다. 이런 권위 있는 정통 교의 체계 확립에 공헌한 사람들에게 후대 교회들은 '교부敎父'(교회의 아버지)라는 명칭을 부여하고 그들을 모시게 됩니다. 그러나 사실 교부들의 신학은 대부분 그리스도교로 착색된 그리스 철학(주로 신플라톤주의라는 형태의 철학)을 계승하는 것이었습니다.

철학이 이미 사실상 신학으로 전락해 버렸기 때문에 이 단계에서 신학과 철학 사이의 대립 같은 문제의식을 거의 볼 수 없다는 사실은 전혀 이상한 일이 아니었습니다. 물론 테르툴리아누스(155년경~220년경)처럼 "아테네[철학]와 예루살렘[그리스도교] 사이에 어떤 공통점이 있는가?" 하고 묻고는 이성과 믿음을 날카롭게 대립시키고 "비이성적이기에 믿는다"는 입장을 취한 교부도 있었습니다. 그러나 대부분은 오히려 "그리스도교야말로 진정한 철학이다" 하고 봤습니다. 그런데 그 '진정한 철학'인 교의의 내용을 어떻게 해석할지를 두고는 다종다양한 유사철학적 견해가 제기되고 충돌하며, 투쟁에서 패배한 견해는 잇달아 '이단' 판정을 받았습니다. 교회의 '정통'은 이런 과정을 거치며 확립돼 갔습니다.

중세 그리스도교 철학의 '정통'과 '이단'

이런 식이었으니, 일단 교회의 '정통'이 확립된 뒤에도 그 테두리를 벗어나는 '이단'적인 철학적 사색이 단번에 사라질 수 없었습니다. '정통'의 권위가 확립된 후, 특히 9세기 이래 중세 철학은 교회나 수도원 부속 학교(스콜라)의 교사들이 담당했기 때문에 '스콜라 학파'라고 불렸습니다. 그들의 임무는 이미 권위로서 확립된 교의를 '학문적'으로 조직하는 것, 즉 앞뒤를 맞추고 정리하고 보강하는 것이었습니다. 이 때문에 후대에는 공론空論을 일삼는 것을 '스콜라적'이라고 부르게 됐죠. 그런 스콜라 철학은, 발족 당시의 대표적 인물 스코투스 에리우게나(810년경~877년경)가 나중에 교회한테서 '이단' 판정을 받고 배척 대상이 됐을 정도로 방대한 철학 체계를 펼치게 됩니다.

에리우게나의 철학은 신플라톤학파적 신비주의의 전형으로, 세계의 모든 것을 신에서 나와 신으로 돌아가는 과정으로 그렸습니다. 이런 견해는 물질적 자연을 그대로 신의 발로로 보는 범신론 경향이 있었으므로 정통적인 교회 신앙과는 양립할 수 없었습니다. 여기서 주의할 점이 있습니다. 일반으로 범신론은 '신즉자연神卽自然'(신이 곧 자연)이라고 설명하는데, 이렇게 신의 이름으로 자연의 근원성을 주장함으로써 반증의 형태로 유물론에 근접하는 일이 적지 않습니다. 신학의 제패하에 놓인 중세에는 유물론을 공공연하게 주장할 수 없었기 때문에, 유물론과 관념론의 투쟁은 의식적이든 무의식적이든 신학의 가면을 쓰고 신학 내부의 투쟁으로 펼쳐지는 굴절된 형태를 띨 수밖에 없었습니다. 중세 철학에서 유물론 경향은 "신학 자체가 유물론을 설교하게" 만드는[5] 방식을 취하며 신학 내부의 이단설로 나타나기 일쑤였습니다.

얄궂게도 신플라톤학파의 신비주의는 그 범신론적 내용 때문에 종종 "신학에 의한 유물론 설교"의 한 형태가 됐습니다. 예컨대, 12세기 말과 13세기 초에 활동한 프랑스 신학자 아말리쿠스(또는 베나의 아말릭)와 그의 지지자들(아말릭파)은 이런 범신론을 상당히 거침없이 주장해서 칼과 불로 심한 박해를 당했습니다. 아말리쿠스의 제자인 벨기에 디낭의 다비드(1210년경 사망)에 이르러서는 신과 정신과 물질은 동일하다고까지 주장했다고 합니다.

"철학은 신학의 시녀"라는 구호

이런 이유로, 확립된 '정통'을 전제로 하는 스콜라 철학은 정통이 이미 확립됐기에 도리어 철학과 신학, 이성과 믿음의 관계가 예리한 문제일 수밖에 없었습니다. "철학은 신학의 시녀다" 하는 구호는 그런 상황에서 교회의 정통파가 제창한 것이었습니다.

이 구호를 처음 내건 것은 페트루스 다미아니로, 그가 이 구호에 담은 의미는 철학은 신학에 종속됨으로써만 그 존재가 허용된다는 것이었습니다. '시녀'는 원래 포로들 가운데서 선정돼 가부장의 뜻대로 따라야 하는 여자 노예를 뜻합니다. 이미 포로이며 노예이고, 이전 생활의 기억과 습관을 모두 버리도록 요구받고 자신의 의지가 허락되지 않는, 오직 예속과 복종의 존재입니다.

스콜라 철학의 모순과 그 전개: 신학의 시녀에서 신학의 조수로

스콜라 철학은 이 구호하에서 신학의 시녀가 되기를 한결같이 추구했습니다. 그러나 그 자체로 이미 모순을 내포하고 있었습니다. 왜냐하면 '시녀가 되기를 추구한다'는 것은 '자신의 의지'인데, '시녀'는 자신의 의지가 허락되지 않는 존재이기 때문입니다.

이런 모순은 '스콜라 철학의 아버지'로 불리는 [영국] 캔터베리 대주교 안셀무스(1033년경~1109년)가 내건 "이해하기 위해 믿는다"는 표어 속에도 숨어 있었습니다. 이 표어는 이론적 인식을 위해서는 믿음이라는 전제가 필요하다, 우선 믿고 나서 이해하라는 의미입니다. 동시에 이론적 인식에 도달하는 것이 믿음의 목적이며, 이해했을 때야 비로소 믿음은 온전한 것이 될 수 있다는 의미이기도 합니다. 안셀무스는 로마 교회의 입장에 충실했고 이를 위해서는 영국 왕과의 대립도 불사한 인물이었습니다.

그럼에도 그의 주장은 스콜라 철학이 페트루스 다미아니가 말했던 시녀의 의미에서 어느새 벗어나 버렸음을 보여 줍니다. 즉, 신학에 대한 철학의 지위가 본래 의미인 시녀라는 지위에서 유익한 봉사자, 필요한 조수의 지위로 사실상 변해 버린 것이죠.

이 변화는 철학이 마침내 신학의 봉사자이자 조수의 구실을 벗어나서 더 나아가 신학과 대립하게 될 가능성을 일찌감치 보여 준 것이라고 봐야 합니다. 이런 가능성은 페트루스 아벨라르두스(또는 피에르 아벨라르, 1079~1142년)에게서 상당히 선명하게 볼 수 있습니다. 아벨라르두스는 제자 엘로이즈와의 비극적 사랑 이야기로도 잘 알려진 인물인데, 그는 안셀무스의 말을 뒤집어 "믿기 위해 이해한다"는 입장을 취했습니다. 이 말은 이해할 수 없는 것은 믿을 수 없다는 방향으로 분명하게 나아간 것이며, 이런 기본 태도 때문에 그는 1141년 공의회에 소환돼 이단 선고를 받았습니다(훗날 사면을 받긴 했습니다).

2. 모순의 전개와 스콜라 철학의 해체

신학의 조수로 도입된 아리스토텔레스 철학

앞서 얘기했듯이, 중세 신학자들에게 알려지고 이용된 철학은 초기에는 주로 신플라톤학파의 계보를 잇는 것이었습니다. 아리스토텔레스의 철학도 일부는 알려지고 이용됐지만, 그의 주요 저작은 잘 알려지지 않았고 그 영향도 제한돼 있었습니다. 그동안 아리스토텔레스의 주요 저작은 오로지 이슬람교도 사이에서 보존되고 아랍어로 번역돼 이슬람 신학의 체계화를 위해 왕성하게 연구됐습니다. 그것이 그리스도교 세계에 전해진 것은 12세기, 그것도 후반에 이르러서였습니다.

그러나 일단 전해지자 그것은 스콜라 철학에 커다란 영향을 주게 됩니다. 물론 아리스토텔레스의 철학은 다분히 유물론적인 요소를 내포했기 때문에 초기에는 교회의 적대와 무시로 그의 저작이 금서 취급당하는 일이 한두 번이 아니었습니다. 그러나 고대 철학의 종합이었던 장대한 체계의 매력 앞에서 사람들이 등 돌리게 하는 것은 도저히 불가능했고, 머지않아 아리스토텔레스 철학은 스콜라 철학 전반에 걸쳐 영향을 미치게 됩니다. 특히, 당시 유럽 학계의 중심이던 파리대학교에서 지도적 위치에 있었고 신학과 철학뿐 아니라 자연과학에도 박식해 '만물 박사'로 불린, 독일 출신의 도미니코회 수도승 알베르투스 마그누스(1200년경~1280년)는* 그리스도교 신학이 아리스토텔레스 철학과 모순되지 않으며 오히려 아리스토텔레스 철학을 통해서만 더 잘 체계화될 수 있다고 힘주어 말했습니다.

---

* '마그누스'는 라틴어로 '위대한'이란 의미의 존칭입니다.

아리스토텔레스 철학과 그리스도교를 조화시키려 한 토마스 아퀴나스

이렇게 해서, 13세기 이래 스콜라 철학의 과제는 아리스토텔레스 철학과 그리스도교 신앙을 어떻게 조화시킬 것인가 하는 문제로 좁혀졌습니다. 아리스토텔레스의 철학은 성서와 나란히 절대적 권위가 됐고, '철학자' 하면 곧장 아리스토텔레스를 떠올리게 된 것입니다.

아리스토텔레스 철학과 그리스도교 신앙의 통일은 알베르투스의 제자인 토마스 아퀴나스(1224 또는 1225~1274년)에 의해 가장 크게 달성됐습니다. 이 때문에 아퀴나스는 스콜라 철학을 집대성한 사람으로 불립니다. 이런 '통일' 속에서, 아리스토텔레스 철학에서 그리스도교와 모순되는 요소가 모두 주의 깊게 제거됐음은 물론입니다. 한마디로 말해, 아리스토텔레스 철학 가운데 "산 것"을 죽이고 "죽은 것"만을 보존해 이용한 것이었습니다.[6]

아리스토텔레스 철학에서 "죽은 것"이 무엇인지, 그리고 어떻게 그것을 그리스도교 신학에 이용할 수 있었는지는 앞서 아리스토텔레스에 대해 서술한 부분을 돌아본다면 여기서 다시 한 번 설명할 필요는 없을 것 같습니다.

철학과 신학의 대립: 이중진리설

그러나 아리스토텔레스 철학이 권위가 되고 연구가 활발해지자, 그것의 죽은 측면뿐 아니라 산 측면이 자꾸만 고개를 드는 일을 피할 수 없게 됐습니다. 가령 아퀴나스와 동시대 사람으로 파리대학교의 유명한 교수였던 브라반트 공국 출신 시제루스(1240년경~1284년경)는 교회의 교의와 무관하게 아리스토텔레스 철학을 그 자체로 진리로 받아들여 연구하게 됩니다. 그렇게 그는 질료는 영원한 것이며 따라서 세계와 그 운동은 영원하다는 결론에 도달하고는 인간 영혼 불멸조차 부정하기에 이릅니다. 당연하게도 이런 견해는 신에 의한 세계 창조와 개인 영혼의 불멸 — 따라서 사후 상벌賞罰의 존재 — 을 주장하는 교회의 교의와 정면으로 충돌합니다. 시제루스는 이 충돌을 피하기 위해 "철학의 진리라 하더라도 신앙의 진리는 아니다" 하는 '이중진리설'을 주창하며 표면상으로는 신학을 철학보다 상위에 올려놨습니다. 이런 이중진리설은 이미 이슬람 신학에 존재했지만, [서방] 신학의 패권 아래 있던 스콜라 철학에는 새롭게 던져진 예리한 문제였습니다.

시제루스는 이단 혐의로 파리대학교에서 쫓겨나고 수감된 후 암살당했으며 이중진리설은 금지됐습니다. 그러나 이중진리설은 사라지지 않고 오히려 차츰 세력을 넓혀 갔습니다. 이중진리설은 객관적으로는 신학에서 철학을, 신앙에서 이성을 해방하는 길을 준비한 것이라고 할 수 있습니다. 사실상 신학의 노예에서 조수로 승격한 철학은 이중진리설을 통해 다시 신학과 대립하는 지위로까지 올라섰으며 마침내 불구대천의 적대자로 성장해 갑니다.

"유물론의 최초 표현"인 유명론

스콜라 철학은 이렇게 완성됨과 동시에 해체되기 시작했습니다. 이중진리설의 대표 논객이었던 던스스코터스(1265년경~1308년)와 오컴의 윌리엄(1287년경~1347년) 등은 유명론자로도 알려져 있습니다. '유명론唯名論'이란 개별적인 것이야말로 진정한 실재이며 보편적인 것은 개별적인 실재로부터 추상된 단순한 이름에 불과하다는 주장으로, 보편적 관념이야말로 개별적인 것에 앞서는 진정한 실재라는 '실념론實念論'과 날카롭게 대립합니다. 실념론의 원형이 플라톤의 이데아론이나 신플라톤학파의 유출론流出論* 등에 있음은 다시 지적할 필요가 없겠죠.

유명론과 실념론의 투쟁은 '보편 논쟁'이라 불리며 스콜라 철학 전반에 걸쳐 핵심 쟁점 중 하나가 됐습니다. 교회의 전통적 입장은 신플라톤주의에 기초해 형성됐다는 궤적을 보더라도 실념론에 기운 것이었는 데 반해, 앞서 언급한 아벨라르두스 등은 일찍부터 유명론 경향을 강화하고 있었습니다. 아퀴나스 등은 아리스토텔레스를 신플라톤주의적으로 해석한 것에 기초해, 보

---

* 유출론 태양에서 빛이 나오고 샘에서 물이 흘러나오듯이 만물이 절대자에게서 흘러나온다는 견해 — 옮긴이.

편은 신의 마음속 이데아로서는 개체에 앞서고, 실체를 갖춘 형상으로서는 개체 내에 존재하며, 추상화된 정신 속 개념으로서는 개체 뒤에 있다는 식으로 실념론과 유명론을 절충하려 했습니다. 그러나 던스스코터스와 오컴은 이런 절충을 분명하게 반대하는 입장을 취했습니다.

실념론은 전형적인 객관적 관념론의 견해입니다. 반대로 유명론은 철저하게 밀고 나가면 관념으로 표현되는 것은 모두 객관적 실재와는 무관한 주관적인 것에 지나지 않고, 따라서 우리는 감각 말고는 아무것도 알 수 없다는 불가지론, 애당초 감각 말고는 아무것도 실재하지 않는다는 주관적 관념론의 주장이 됩니다. 나중에 살펴보겠지만, 사실 18세기 영국 경험론은 유명론의 전통을 이어받으면서 이렇게 불가지론, 주관적 관념론으로 미끄러졌습니다. 또, 분석철학이라 불리는 현대 관념론의 한 주류도 이런 유명론적 불가지론, 주관적 관념론에 기초해 있습니다. 그러나 중세 스콜라 철학 내부에서 나타난 유명론의 역사적 의의는 "일반적으로 유물론의 최초 표현"으로서 등장했다는 것입니다.[7] "던스스코터스는 '물질은 과연 사고할 수가 없는 것인가?' 하고 자문한다. 이 기적을 실현하기 위해 그는 신의 전능함에서 도피처를 찾았다. 즉, 그는 신학 자체가 유물론을 설교하게" 만들었다고 마르크스는 지적합니다.[8]

오컴은 유명론의 입장을 한층 명확히 하는 동시에 이성과 신앙의 구별도 더한층 단호하게 주장했습니다. 이성에게 진정한 실재는 오직 감각으로 인지한 개체이고 신이나 영혼 등은 믿음의 대상이긴 해도 이성의 대상은 될 수 없다고 단언하며 스콜라 철학의 해체를 재촉하기에 이릅니다.

그렇다고 해서 오컴 자신이 이미 유물론자였다는 뜻은 아닙니다. 앞서 봤듯이, 오컴의 철학적 견해는 틀림없이 "유물론의 최초 표현"에 해당하지만, 그는 또한 열정적인 신앙인이자 신학자이기도 했습니다. 즉, 이중진리설은 그의 진심이었고, 그가 이성과 신앙, 철학과 신학을 엄격히 구별한 것은 그렇게 해서 신앙과 신학 모두의 순수성을 지키기 위해서였습니다. 그러는 한 개괄적으로 말해 그는 틀림없이 관념론 진영에 속했습니다.

그러나 여기서 다시 "어떤 관념론자가 다른 관념론자의 근거를 비판할 때 그 투쟁으로 성과를 올리는 것은 언제나 유물론이다"[9] 하는 레닌의 지적을 떠올려야 합니다. 오컴 자신의 주관적 의도야 무엇이었든 간에 스콜라 철학에 대한 그의 공격은 신학 패권의 붕괴, 이성과 유물론의 복권을 향한 돌파구를 힘차게 여는 것이었습니다.

로저 베이컨이 보여 준 근대 합리주의의 맹아

스코투스와 오컴은 모두 영국에서 태어나 영국에서 활동한 인물입니다. 그래서 "유물론은 영국이 낳은 자식이다" 하고 마르크스는 말했습니다.[10] 영국에서는 이미 스콜라 철학자이자 신학자인 로저 베이컨(1219년경~1292년경)이 근대 합리주의의 힘찬 싹을 틔우고 있었습니다.

그는 권위에 대한 맹신을 철저히 거부하며 "실험 없이는 아무것도 깊이 있게 인식할 수 없다"고 주장했고, 광학을 비롯한 자연과학 연구에서 선구적인 업적을 남겼습니다. 물론 점성술을 믿는 등 그에게도 미신의 그림자가 짙게 드리워져 있었지만, 새 시대의 새벽은 확실하게 다가오고 있었습니다.

3. 중세 말의 신비주의와 대중 운동

민중의 반봉건 투쟁은 신비주의에서 영감을 길어 올렸다

신플라톤학파의 신비주의가 범신론에 가까워짐에 따라 종종 교회 신앙에 대한 이단으로 나타나고 심하게 박해받은 사람들도 생겨났음은 이미 지적했습니다. 이런 신비주의의 전통은 중세 내내 사라지지 않고 존재했습니다. 그러나 그것이 언제나 이단으로만 나타난 것은 아닙니다. 보통은 아리스토텔레스 철학의 '죽은 부분'에 기초해 너무나도 형식적으로 쌓아 올려진 스콜라 철학을 보완하는 형태로 존재했습니다. 그러나 스콜라 철학이 해체되기 시작하면서, 스콜라 철학과 신비주의의 이런 상호 보완 관계도 무너지기 시작했습니다. 신비주의는 '신비 신학'으로서, 스콜라 철학과 대립하는 독자 진영을 형성하게 됐고, 봉건제에 맞서 중세 말에 벌어진 민중의 혁명적 저항은 흔히 이 신비주의에서 투쟁의 영감과 열정을 길어 올렸습니다.

신비주의자의 주류는 경건한 가톨릭 신자로서 오로지 신과 하나 되는 황홀경을 동경하는 사람들로, 보통은 속세로부터 등을 돌리고 있었습니다. 그들은 설사 [신비주의의 범신론적 성격 때문에] 교회와 등지는 일은 있어도, 봉건제 자체에 대항하는 사회적·정치적 반항 같은 것은 생각조차 하지 못하는 사람들이었습니다. 그러나 그들의 태도는, 이렇게 자라난 신비주의 안에서 민중의 반봉건 투쟁이 영감을 길어 올리는 것에는 조금도 걸림돌이 되지 않았습니다.

반봉건 투쟁은 항상 이단 신학과 결합해 등장했다

중세는 신학 이외의 이데올로기 형태를 알지 못했습니다. 교양은 신학자들의 독점물이었습니다. 그러니 "중세에는 어떤 사회 운동도, 정치 운동도 신학의 형태를 취할 수밖에 없었"습니다.[11] "봉건제에 대한 일반적이고 공공연한 공격은 모두 … 이단 신학으로 등장"했습니다.[12]

예컨대, 12세기 말 프랑스 남부의 빈민들 사이에서 시작돼 스위스 서남부와 사보이아[오늘날 프랑스령 사부아] 산악지대 농민들에게로 번진 투쟁은 '발도파派'라고 불리는 이단 아래 결집해 있었습니다. 마찬가지로, 12세기 말부터 13세기에 걸쳐 프랑스 남부와 이탈리아 북부의 상인과 수공업자 사이에서 확산된 투쟁은 '알비파派'[또는 카타리파]라는 이단 아래 결집해 있었습니다. 1381년 영국 농민 반란 — 지도자 가운데 한 사람의 이름을 따서 '와트 타일러의 반란'으로 불립니다 — 도 신학자 존 위클리프(1328년경~1384년)가 로마 교회를 상대로 펼친 교회 개혁 운동의 영향 아래 일어난 것입니다. "아담이 밭을 갈고 하와가 옷을 지을 때 대체 누가 주인 나리였는가" 하고 외친 성직자 존 볼이 반란의 지도자 구실을 했고, 거기에는 '롤라드파派'로 불린 신비주의적 이단 종파도 가담하고 있었습니다. 15세기 전반기에 독일 제국과 로마 교회의 지배에 맞서 국가 독립과 심지어 봉건제 해체를 요구하며 들고일어난 체코 민중의 투쟁은 신학자 얀 후스(1370년경~1415년)의 교회 개혁 구호가 신호탄이었고, 이 투쟁에는 자신의 몸을 채찍질해 죄를 경감하겠다는 '채찍질 고행파派' 같은 이단들이 연계돼 있었습니다.

교회 개혁 운동과 부르주아지의 대두

위클리프나 후스를 선구자로 한 교회 개혁 운동의 이면에는 일찍이 "프랑스 남부 도시들이 가장 번영한 시대"에 그곳에서 발생한 '알비파'라는 이단과[13] 함께 출현한 부르주아지의 요구가 자리하고 있었습니다. 왜냐하면 "로마 교회의 권력에 맞선 투쟁에 가장 직접적인 이익이 걸린 계급은 부르주아지였"고, 거듭 말했듯이 "당시에는 봉건제에 대항하는 투쟁은 모두 종교적 외피를 써야 했으며, 그 화살이 우선 교회를 겨눠야 했"기 때문입니다.[14] 그래서 교회 개혁 운동은 바로 "도시의 상공업자가 외친 투쟁의 함성"이었고,[15] 이에 도시 하층민 — 부르주아지의 필연적 수반물인 프롤레타리아의 맹아 — 이나 농민이 많든 적든 간에 신비주의적 이단으로 이데올로기적 무장을 하고 호응한 것이었습니다.

루터와 독일의 종교개혁

독일에서 종교개혁의 횃불을 들어 올린 인물은 마르틴 루터(1483~1546년)였습니다. 그를 키운 건 오컴파派 신학이었고 그는 [요한 타울러의] 신비주의 신학의 영향도 받은 신학자였습니다. 그런데 그런 그가 내건 로마 교회에 대한 투쟁 선언(1517년)에 호응해 정치적 반대파와 신앙적 이단파가 모두 움직이기 시작했습니다. 봉건 제후들까지 이런 "격류에 관여"했고, 그들은 이참에 "성직자들의 권력, 로마에 대한 종속, 가톨릭의 교계제도[성직의 계급 제도]를 타파하고 교회 재산을 몰수해서 배를 불리자"며 주판알을 튀겼습니다.[16]

이런 반향 속에서 루터는 외쳤습니다.

로마의 성직자들이 앞으로도 광기 어린 행패를 이어 간다면, 생각하건대 유일하게 남은 치료법은 황제와 국왕과 제후가 말이 아닌 강철로 무장하고 실력을 행사해서, 전 세계를 해치는 이 악인들을 공격해 싹 쓸어버리는 것이다. 우리는 도둑놈을 목매달고 살인자를 참수하고 이단자를 화형에 처하는데, 왜 이런 지옥의 괴물들을, 추기경이니 교황이니 주교니 하는 어중이떠중이들을 내버려 두는가. 죄악과 음란의 도시 로마의 천벌 받아 마땅한 이 성직자들에게 어째서 온갖 무기를 겨누고 우리의 손을 그들의 피로 씻어 내지 않는가?

마침내 하급 귀족이 먼저 반란에 나섰고(1523년), 이어 농민의 대반란이 전국에서 일어났습니다(1525년). 하급 귀족의 이해관계가 제후나 성직자의 지배와 대립하고 있던 것입니다.

그러나 정작 부르주아지는 "여타의 반역적 신분들, 즉 도시 하층민, 하급 귀족, 지방 농민을 자신의 깃발 아래 결속시킬 만큼 강력하게 발달해 있지는 않았"습니다.[17] 그래서 결전에 나설 결단을 내리지 못하고, 하층 귀족의 반란을 수수방관하며 그들이 죽게 내버려 뒀습니다. 루터도 로마 섬멸전을 호소하던 그 입을 닦고 시치미를 떼고는, 개혁은 "폭력이 아닌 말로" 이뤄야 한다고 설교했습니다.

독일 농민전쟁과 토마스 뮌처

하층 귀족의 반란이 패배한 데 이어서 농민과 도시 하층민이 "지금이야말로 모든 억압자들과 결판을 낼 날이 왔다고 믿으며"[18] 들고일어났습니다. 그러자 루터와 부르주아지는 처음에는 조정자가 되려고 하더니, 봉기가 순식간에 확대돼 부르주아지가 감당할 수 없는 지경에 이르자 더는 주저하지 않았습니다. 즉, 부르주아지는 제후와, 귀족은 성직자와, 루터는 교황과 손잡고, 봉기한 농민들을 공격했습니다. 루터는 미친 듯이 소리쳤습니다. "할 수만 있다면 누구든 저놈들을 때려잡고 목 졸라 죽이고 찔러 죽여라. 은밀해도 좋고 노골적이어도 좋다. 반란의 무리들보다 더 유독하고 유해하고 악마적인 것은 없다고 생각하라. 미친 개는 때려죽여야 하는 이치와 같다. … 친애하는 제후들이여, 할 수 있다면 누구든 저놈들을 찔러 죽이고 때려죽이고 목 졸라 죽여라. 그 일로 당신이 목숨을 잃는다면 당신은 행복하다. 그보다 더 축복받는 죽음은 있을 수 없다."

루터와 대조적인 인물이 신학자 토마스 뮌처(1489년경~1525년)였습니다. 그는 "때로는 무신론과도 통하는 데가 있는" 범신론을 그리스도교의 형식으로 설교하고[19] '재세례파'라 불리는 이단과도 연계돼 있었습니다. 그는 일찍부터 직조공·광부·농민 사이에서 조직 활동을 했고, 영주제 폐지와 토지 공유 실현을 요구하며 농민군의 선두에 섰습니다. "신은 나를 통해 큰 낫을 벼

리신다"고 그는 썼습니다. 만연한 "잡초"를 그 큰 낫으로 베어 없애는 것, "모든 것이 공유되는 신의 나라"를 지상에 실현하는 것. 그것이 뮌처가 이루지 못한 꿈이었습니다.

마침내 농민군은 궤멸되고, 뮌처는 체포돼 고문 끝에 참수당했습니다. 죽임 당한 농민은 10만 명에 달했다고 합니다.

전리품을 손에 쥘 수 있었던 것은 오직 제후들뿐이었습니다. 그러나 봉기의 패배와 함께 독일 사회의 진보가 희생됐고, 독일은 "이때부터 300년 동안 자주적으로 역사를 만든 나라들의 대열에서 자취를 감추게" 됐습니다.[20] 제후들은 독일 사회의 이런 낙오落伍를 자신들에게 유리하게 이용했고, 그들과 손잡은 루터파 교회는 이후 "왕과 제후의 손안에서 순종적인 도구"로서[21] 이 낙오의 수문장 노릇을 이어 가게 됩니다.

4. 르네상스 시대의 자연철학

부르주아지의 최초 요소들이 등장하고 성장하다

여기서 봉건 사회의 태내에서 부르주아지가 어떻게 등장하게 됐는지를 살펴보기로 합시다.

"중세 농노 가운데서 초기 도시의 성외 시민이 등장했다. 그리고 이 성외 시민 가운데서 부르주아지의 최초 요소들이 발전했

다"고 마르크스와 엥겔스는 지적합니다.[22]

약간 설명을 덧붙여 보죠. 중세 유럽에는 상인들이 왕래하는 교통의 요충지에 '부르크burg'(피난소, 성채)라 불리는 재해 보호 시설이 있었습니다. 이 부르크에 거주하며 그곳을 상업의 본거지로 삼는 대상인이 늘자 농민 가운데서도 부르크 주변(성외지)으로 이주해 상인들의 수요에 맞춰 수공업에 종사하며 사는 사람들이 생겨났습니다. 그들이 '성외 시민'으로 번역되는 '팔뷔르거pfahlbürger'입니다. '뷔르거bürger'(시민)는 원래 '부르크의 주민'이란 뜻입니다. '팔pfahl'은 막대기란 뜻인데, 그들이 무기로 몽둥이를 지니고 다닌 데서 '몽둥이를 든 놈' 정도의 의미로 그렇게 불렀다고 합니다. 그들은 차츰 자신들의 거주지, 즉 성외지 주위에 새로운 성벽(부르크)을 둘러치고 자신들의 생활을 보호했습니다. 이렇게 그들은 말 그대로 '부르크 내 주민'이 됐습니다. '부르크'는 영어로 '버러borough'라고 합니다. 유럽의 도시 가운데 '~부르크'나 '~버러'와 같은 이름이 많은 것은 여기서 비롯한 것입니다. '부르주아'라는 단어도 원래 이런 '부르크(버러) 내 주민'을 의미하는 프랑스어였습니다.

이렇게 발전하던 "부르주아지의 최초 요소들"은 마침내 "중세의 봉건 조직 내에서 공인된 지위를 쟁취하고"[23] 독자적인 무장력을 갖춘 자치도시 공동체를 구성하는 데 이르렀습니다. 그러나 "이런 지위도 이 계급의 확장력에 견주면 이미 갑갑한 것이

됐고", 차츰 "부르주아지의 발전은 봉건제의 유지와 양립할 수 없게 됐"습니다. 그래서 "봉건제의 거대한 국제적 중심"인 로마 가톨릭 교회에 공격의 화살을 겨누게 된 것입니다.[24]

자본주의 경제의 요구와 르네상스의 자연철학

독일에서 이 공격은 시작되자마자 좌절됐고, 그 결과 독일 사회는 부진함의 늪에 빠져들었습니다. 그러나 십자군 이래 활발해진 지중해 무역의 요충지를 차지하며 "자본주의적 생산이 가장 일찍부터 발달한 이탈리아"에서는[25] 도시 귀족인 대상업 자본가가 아직은 봉건 영주와 유착하면서도 재빨리 사회의 실권을 쥐고, 다른 나라에 앞서 15세기 후반부터 이른바 '르네상스' 시대를 출현시키고 있었습니다.

'르네상스'는 원래 '소생'이나 '부활'이라는 뜻으로 흔히 '문예부흥'으로 번역됩니다. 확실히 당시 "이탈리아는 뜻밖에 예술의 개화기를 맞았고 그것은 흡사 고전적 고대의 빛을 다시 비춰 주는 것처럼 나타났"습니다.[26] 그러나 르네상스는 이탈리아에서만 나타난 특수한 현상이 아니었고, 비단 예술 부문에서만 나타난 현상도 아니었습니다. 그도 그럴 것이, 당시의 대표 예술가로 알려진 사람들도 결코 '전문 예술가'로만 머문 사람들이 아니었으니까요. 가령 "레오나르도 다빈치는 위대한 화가였을 뿐 아니라 위대한 수학자·역학자·기술자였고, 또한 자연과학의 매우 다양한 부문들에서 이뤄진 중요한 발견은 그에게 크게 빚지고 있"습니다.[27] 이처럼 르네상스 시대는 근대 문학과 예술이 탄생한 시대였을 뿐 아니라 근대 과학과 기술, 더 나아가 근대적 사고 자체가 탄생한 시대이기도 했습니다.

그것은 발전하고 있던 자본주의적 경제의 요구였습니다. "부르주아지의 발흥과 나란히 과학의 위대한 부활이 진행됐다"고 엥겔스는 지적합니다. "천문학·역학·물리학·해부학·생리학이 다시금 연구됐다"고요. "부르주아지는 공업 생산을 발전시키기 위해 자연물의 물리적 성질들과 자연력의 작용 방식을 연구하는 과학이 필요"했기 때문입니다.[28]

이렇게 해서 르네상스 시대의 이탈리아는 철학 분야에서도 "근대 철학의 발단이 된 위대한 이탈리아인들"을 낳았고,[29] 그들의 철학은 무엇보다도 자연의 비밀을 해명하려는 '자연철학'으로 나타났습니다. 이 '자연철학' 속에 근대 철학과 근대 자연과학의 '발단'이 있었던 것입니다.

르네상스 시대 자연철학의 특징: 신비주의적 범신론

하지만 그것은 말 그대로 '발단'이었고, 아직은 낡은 사상의 태반에 탯줄로 단단히 연결돼 있었습니다. 즉, 르네상스 시대 자연철학은 대부분 플라톤 철학에서 영감을 길어 올린 신비주의적 범신론을 기조로, 마술·점성술·연금술과 종종 친밀한 관계를 맺었습니다.

이 세계를 가장 내밀한 곳에서 다스리고 있는 것은 무엇인가, 그것을 알고 싶다.
거기서 작용하는 모든 힘, 모든 종자, 그것을 보고 싶다.

이것은 괴테의 희곡 《파우스트》의 한 구절입니다. 파우스트의 유명한 독백 가운데 일부인데, 바로 이것이 르네상스 시대 자연철학자들의 공통된 소망이었고, 그렇기 때문에 그들은 주술에도 관심을 기울였습니다(파우스트는 르네상스 시대 독일의 실존 인물입니다. 괴테는 그를 둘러싼 전설을 소재로 이 명작을 집필했고 거기에 르네상스 시대 자연철학자의 모습을 생생하게 조형했습니다).

그러면 별의 움직임도 알 수 있겠지.
그리고 자연이 인도해 준다면
영혼의 힘이 눈을 떠
영령들이 나누는 말도 이해할 수 있겠지.

이렇게 해서 그들이 파악했다고 믿은 자연의 전체 모습은 대충 다음과 같았습니다.

만물이 짜이고 조화를 이뤄 전체를 이루고
서로가 작용하며 살아간다.
하늘의 힘들이 오르고 내려
황금 두레박을 서로 건넨다.
축복의 날갯짓을 풍기면서
그 모든 것이 하늘부터 땅까지 꿰뚫어
우주에 존재하는 모든 것 속에 그 조화로움이 울려 퍼진다.

범신론적 신비주의의 외피 아래 있는 변증법적 자연관의 예감을 보여 준다고 할 수 있겠죠.

이런 신비주의적 범신론의 자연관을 선구적으로 내세운 인물은 독일 태생의 신학자로 나중에 로마 교황청의 추기경이 된 니콜라우스 쿠자누스(1401~1464년)였습니다. 그의 사상은 스코투스 에리우게나의 영향을 강하게 받았는데, 에리우게나 사상의 부활·재생이라고도 할 수 있습니다. 그러나 낡은 신비주의의 단순한 부활이 아니라 근대적인 과학적 세계관의 힘찬 새싹을 품고 있었습니다.

르네상스 시대에 많이 사용된 원뿔 도법으로 세계 지도를 만들고 측심기를 발명하기도 한 쿠자누스는 인간의 기술력을 높이 평가해 인간을 "제2의 신"이라고까지 불렀습니다. 그는 지구를 세계의 중심이라고 본 아리스토텔레스 이래의 고정관념을 타파하고, 100년 뒤 코페르니쿠스가 수행한 '혁명'의 길을 닦았습니다. 우주는 무한하고, 지구는 그 무한한 우주 속 하나의 별이며, 다른 별들과 마찬가지로 운동하고 있다고 그는 주장합니다. 그리고 "우리는 운동하지 않는 것과 비교할 때만 운동을 인지할 수 있기 때문에 지구가 운동하고 있다는 것을 알아차릴 수 없지만, 지구가 실제로 운동하고 있는 것은 분명하다. … 지구 위에 있건 태양이나 다른 별 위에 있건 간에 그곳에 있는 사람에게는 자신이 부동의 중심 위에 서 있고 모든 것이 그 주위를 회전하는 것처럼 보일 것이다." 이것은 오로지 스콜라 철학의 우물 속에서만 하늘을 우러러보던 사람들을 무한한 우주 공간으로 데리고 나와, 그곳에서 새롭게 사물을 보라고 요구한 것이었습니다.

르네상스 시대의 자연철학자들

거기에 피렌체의 학자 피치노(1433~1499년)가 플라톤의 저작 전체를 번역해 플라톤주의 연구를 고취했습니다. 이것은 죽어서 형해화된 아리스토텔레스주의로부터 사람들을 해방시키고 커다란 자극을 줬습니다. 그리고 이로부터 독일의 파라켈수스(1493년경~1541년), 폴란드의 코페르니쿠스(1473~1543년), 이탈리아의 피코 델라미란돌라(1463~1494년), 카르다노(1501~1576년), 텔레시오(1509~1588년), 조르다노 브루노(1548~1600년) 등 자연철학자가 배출됩니다.

파라켈수스는 "집 안에 앉아서는 스승을 얻을 수 없다"며 광부나 직인에게서 지식을 수집하러 다니고 여러 나라를 유랑하며 생활했습니다. 한때 그는 바젤대학교에서 의학을 가르치며 기존 과학과 의학의 권위에 도전의 횃불을 들기도 했지만, 세상은 그를 마술사·사기꾼이라 했고, 그는 가난 속에서 삶을 마치게 됩니다. 인간은 대우주에 대응하는 '소우주'이고 이 둘은 교감하는 관계라는 것이 그의 신념이었습니다.

피치노의 젊은 벗이고 밀라노 태생의 귀공자인 피코에게서도 비슷한 생각을 볼 수 있습니다. 그는 우주에 대한 인간의 지위 문제를 놓고서, 자연의 모든 것을 이해함으로써 "천계의 영혼"이 될 가능성, 더 나아가 신 자체도 될 수 있는 가능성인 자유의지를 갖춘 것에 "인간의 존엄"이 있다고 힘주어 말했습니다.

카르다노는 밀라노 태생 의사로 점성술과 수상술에* 관심이 깊었고 도박에도 깊이 발을 담근 사람이었습니다. 그는 생명을 "세계 영혼"의 작용으로 보며 생명을 "열"과 동일시했고, 따라서 모든 물질은 생명이 있으므로 생물과 무생물(물질 일반)을 동일한 원리로 파악해야 한다고 주장했습니다.

이 자연철학자들의 사상은 신흥 종교에서나 볼 수 있는 상상과 천재적 통찰이 기이하게 마구 뒤섞여 있어서, 형태로만 보면

---

* 수상술 손금으로 사람의 운수나 장래를 점치는 방법과 기술 — 옮긴이.

신플라톤학파의 속물 철학보다 한술 더 뜨는 것처럼 보입니다. 그러나 여기에 시선을 빼앗겨 그 둘의 본질적 차이를 간과해서는 안 됩니다. 그것은 수렁에 빠져들어 가는 사람과 수렁에서 빠져나오는 사람의 차이와 같습니다. 둘 다 똑같이 진흙을 뒤집어쓴 채 같은 수렁을 지나가고 있고, 수렁에서 빠져나오는 사람이 진흙을 더 많이 뒤집어썼을 수도 있지만, 그들이 바라보는 방향은 180도로 정반대입니다.

텔레시오와 폼포나치

카르다노의 견해는 나폴리에 자연 연구자 아카데미를 설립한 텔레시오에 의해 훨씬 더 유물론적인 방향으로 발전합니다. 텔레시오는 감각과 물질이 서로 이질적인 게 아니라, 감각은 물질 자체가 지닌 성질이라고 보면서 의식을 유물론적으로 이해하는 길을 닦았습니다. "모든 물질은 그 본질상 감각과 동일한 종류의 성질, 즉 반영한다는 성질이 있다고 주장하는 것은 논리적이다"[30] 하는 레닌의 지적은 마치 텔레시오의 주장에 대한 짧은 논평처럼 들립니다. 또, 텔레시오는 감각적 경험만이 모든 지식의 원천이라고 주장하며 "이성이 아닌 감각을 따르라"는 표어를 내걸었습니다. 이 표어는 문자 그대로 받아들일 때는 협소한 경험주의에 빠질 위험도 내포하고 있습니다. 그러나 이 말은 처음부터 스콜라 철학이나 스콜라적으로 형해화된 아리스토텔레스주의의 공허한 사변과 그로 말미암은 이성의 남용을 경계하기 위해 내세워진 것이었고, 그런 점에서 근대 철학, 특히 근대 유물론의 원칙적 관점을 일찍이 내세운 것이라고 할 수 있습니다.

한편, 아리스토텔레스 철학을 그 유물론적 측면에서 이해하고, 그 기반 위에서 감각을 기초로 한 이성의 올바른 운용을 목표 삼은 학파도 있었습니다. 이것은 파리대학교를 대신해 15세기 유럽 학문 연구의 중심이 된 이탈리아 북부의 파도바대학교에서 특히 의학 연구와 결합돼 뿌리내린 학파인데, 그 대표 인물은 피에트로 폼포나치(1462~1525년)입니다. 그의 학설은 이중진리설의 입장이었습니다. 그러나 이때의 이중진리설은 이미 겉보기에도 예전의 던스스코터스나 오컴과는 달리 신앙보다 이성을 상위에 둔 것으로, 스콜라 철학과는 명백히 성질이 다른 것이었습니다. 또한 폼포나치는 영혼 불멸을 부정하고 주술과 기적도 거부했는데, 이런 점에서 보면 그는 스콜라적 버전의 아리스토텔레스주의에 대적하기 위해 플라톤주의에 기초한 자연철학자들보다 훨씬 합리적이고 유물론적인 입장에 가까웠다고 할 수 있습니다.

코페르니쿠스와 브루노

그러나 뭐니 뭐니 해도 "자연 연구가 스스로 독립을 선언한 혁명적 행위"는 코페르니쿠스의 "불후의 저작의 출판"이었습니다.[31] "불후의 저작"이란 코페르니쿠스의 주요 저작인 《천체의 회전에 대해》를 가리킵니다. 그 책에서 코페르니쿠스는 전통적인 천동설을 뒤집고 지동설로 가는 "혁명적 행위"를 했습니다. "코페르니쿠스는 상당히 주저하면서 빈사 상태로 병상 위에서 비로소 시도한 것이긴 했지만, 그 책을 통해 자연의 사물에 대한 교회의 권위에 감히 도전"한[32] 것입니다. "주저하면서"라는 말은 그가 그 책의 출판을 오랫동안 결심하지 못한 것, 또 겨우 출판할 결심이 섰을 때조차 친구인 루터회 목사가 쓴 서문을 붙여서 이 지동설은 천체 운동의 기술記述을 단순화하기 위한 가설에 불과하다고 변명한 것을 가리킵니다. "빈사 상태로 병상 위에서"라고 한 것은 코페르니쿠스가 인쇄된 그 책을 손에 쥔 것이 바로 그가 죽은 날이었기 때문입니다.

코페르니쿠스가 "주저"한 데는 그만한 이유가 있었습니다. 이미 요동치고 있었다고는 하지만 봉건 권력과 그 정신적 지주인 교회 권력은 여전히 뿌리가 깊었습니다. 이는 코페르니쿠스가 죽고 반세기가 더 지난 후에도 코페르니쿠스 학설의 신봉자이자 르네상스 시대 자연철학의 대성자라고 할 만한 조르다노 브루노가 이단 죄로 화형을 당한 것을 보면 알 수 있습니다.

브루노는 지구를 우주의 중심에서 끌어내린 코페르니쿠스의 사상을 한층 더 혁명적으로 발전시켰습니다. 브루노는 다음과 같이 썼습니다. "모든 것을 포괄하며 끝없이 펼쳐지는 공간 속에 우리 세계와 닮은 무수한 천체가 있다. 그 가운데 어느 하나가 다른 것보다 우주의 중심에 있다는 것은 말이 안 된다. 그것은 무한한 만유萬有로서 중심도 없고 주변도 없다. 우리의 태양 주위를 7개의 행성이 돌 듯, 그 밖에도 많은 태양이 있고 각각 다른 행성계의 중심을 이루고 있다. 이들 천체는 모두 자신의 중심 주위를 회전하지만 각각의 주민들에게는 자기 행성이 정지해 있고 다른 모든 별들이 그 주위를 돌고 있는 것처럼 보인다. 사실은 항성의 수만큼 세계가 존재하는 것이다. 그리고 그 모든 것이 우리가 사는 세계와 마찬가지로 만유의 포괄자 안에 존재한다." 저마다의 천체, 저마다의 세계 하나하나에 제각기 개체 영혼이 있다는 부분은 과연 르네상스 시대다운 신비주의입니다. 그러나 모든 세계, 모든 세계계系가 쉼 없는 변화 속에 있고 영원한 것은 오직 세계의 근본을 이루는 창조적 에너지일 뿐이라는 브루노의 생각은 에너지 불멸의 법칙을 예감했다고 할 수 있을 것입니다.

화형 판결을 받은 브루노는 심문관들에게 다음과 같이 반문했습니다. "판결을 받는 나보다 판결을 내리는 당신들이 진리 앞에서 더 두려움에 떨고 있지 않은가?" 그리고 화형대에 서서도 브루노는 신의 용서를 빌 마지막 기회로 사제가 내민 십자가에 멸시의 눈길을 주고 그것을 물리고는 불꽃 속에서 죽음을 맞았습니다.

5. 유물론적 요소의 전진

영국 유물론의 본격적인 탄생: 프란시스 베이컨

지금까지 살펴봤듯이, 근대적 세계관은 일찍이 이탈리아를 무대로 성장했지만 16세기에는 주요 무대가 달라지고 있었습니다. 왜냐하면 "15세기 말 이래로 세계시장의 혁명이 이탈리아 북부의 상업 패권을 뒤집어엎었"기[33] 때문입니다. 마르크스와 엥겔스가 지적한 것처럼 말이죠. "아메리카의 발견과 아프리카의 회항은 발흥하던 부르주아지를 위해 신천지를 열어 줬다. 동인도 시장과 중국 시장, 아메리카의 식민화, 식민지와의 교역, 교환 수단과 상품 일반의 증가는 상업·해운업·공업에 전에 없던 도약을 가져다줬고, 이렇게 붕괴하던 봉건 사회 내부의 혁명적 요소를 급속히 발전시켰다."[34] 그리고 이제 그 주요 무대는 영국의 차례가 됐습니다.

영국에서는 자본주의적 농업 경영이 대두하고, 동인도회사를 비롯한 많은 무역 회사가 아시아·아프리카·아메리카로 진출하고, 모직물 공업을 중심으로 매뉴팩처 경영이 급속도로 전개되기 시작했고, 제철·야금·석탄 등의 광공업도 눈부신 발전을 보이기 시작했습니다. 그리고 그런 영국에는 던스스코터스, 오컴, 로저 베이컨 등이 보여 준 유물론적 요소가 확실한 전통으로 자리 잡고 있었습니다. 이 전통을 바탕으로, 그런 시대와 사회의 동향 속에서 본격적인 근대적 세계관의 문을 열어젖히고 "학문의 대혁신"을 이끈 사람이 프란시스 베이컨(1561~1626년)입니다. 마르크스는 베이컨을 가리켜 "영국 유물론과 모든 근대 실험과학의 진정한 선조," "유물론의 제일 창시자"라고 불렀습니다.[35]

선입견이 돼 버린 온갖 편견에서 머리를 해방하라. 그리고 충실히 자연을 관찰하고 자연을 '통역'하라. [인간은] 오로지 자연에 복종할 때만 [자연을] 지배할 수 있다. 아는 것이 힘이다. 진리에 도달하려면 가장 먼저 경험을 중시해야 한다: 이것이 베이컨이 내건 구호였습니다.

네 가지 환상을* 경계하라

걸핏하면 네 가지 선입견이 사람들 머릿속에 똬리를 틀고는 자연을 있는 그대로 이해하지 못하게 방해한다고 베이컨은 경고합니다. 첫째, "종족의 환상"이라고 그가 이름 붙인 것으로, 인간의 틀에 맞춰 자연을 파악하려는 경향입니다. 둘째, "동굴의 환상"으로, 개인의 성격, 취미, 전문 분야 등의 좁은 구멍을 통해서만 사물을 들여다보려는 경향입니다. 셋째, "시장의 환상"으로, 세상에 널리 통하는 상식적 관념과 말을 무비판적으로 따르는 경향입니다. 넷째, "극장의 환상"으로, 학계라는 극장에서 학자들

---

* 국내에는 '네 가지 우상'으로 번역되기도 한다 — 옮긴이.

이 연기해 온 허풍을 그대로 받아들이는 경향입니다. [베이컨은 다음과 같이 주장합니다:] 걸핏하면 빠지기 쉬운 이런 경향들을 충분히 경계하면서 감각 기관이 가리키는 곳에 제대로 귀를 기울여라. 그것만이 모든 지식의 원천이다. 그저 수동적으로 자연을 접하는 게 아니라 나서서 실험하라. 실험이란 자연을 고문하고 진실을 실토하게 만드는 일이다. 과학은 감각을 통해 얻은 것을 합리적 방법으로 사용할 때 성립한다. 관찰·실험·비교·분석·귀납, 이것이 합리적 방법의 주요 요건이며, 이를 통해 우리는 자연에 가까이 다가가고 그 속내를 세상으로 끌어낼 수 있다.

이런 주장을 하면서도 베이컨은 상당히 진심으로 이중진리설의 입장을 취하기도 했습니다. 여기서도 피할 수 없는 시대적 제약이 작용했습니다. 그러나 그의 철학적 주장 자체는 틀림없이 유물론이었습니다. 더구나 그에게 물질은 죽은 것이 아니라 산 것, 즉 운동을 본성으로 하는 것이었습니다. 그 운동은 단순한 기계적 운동에 그치지 않고 물질 내부로부터 솟아나 내부로부터 물질을 움직여 물질이 천차만별한 풍부함을 생성하도록 이끄는 그런 본질적인 힘 일체였습니다. 베이컨은 물질의 이런 무한한 가능성을 꽃피울 과학·기술·산업에 한없는 신뢰를 나타냈고, 그것이 인류에게 어떤 행복을 가져다줄지를 그의 유고《새로운 아틀란티스》에서 유토피아로 그려 냈습니다. 베이컨 사상의 이런 특징을 두고 마르크스는 다음과 같이 평했습니다. "베이컨에게 유물론은 아직 천진난만한 모습으로 그 속에 전면적으로 발전할 싹을 간직하고 있다. 물질은 시적이고 감성적인 빛을 보이면서 만인을 향해 미소를 짓는다."[36]

물론 베이컨 자신도 "네 가지 환상"에서 완전히 벗어나지 못했음은 그가 이중진리설의 관점에 섰던 것만 봐도 분명합니다. "경구(아포리즘)의 형식을 취한 그의 교설 속에서는 신학적 모순들이 여전히 엎치락뒤치락하고 있는"[37] 상태였습니다. 그는 천동설에 매달려 지동설을 인정하지도 못했고, 정치적으로는 절대왕정의 중심부에 머무르며 — 국새상서, 대법관 등의 지위에 있었습니다 — 절대왕정의 틀 안에서 그리고 절대왕정의 권력에 의존해야만 과학·기술·산업의 발전을 실현할 수 있다고 생각했습니다. 또, 그토록 예리한 방법상의 문제 제기에도 불구하고 그 자신은 실험과학에서 눈에 띄는 구체적 성과를 거의 내놓지 못했습니다.

그러나 이런 모순과 제약을 안고서도 그가 온몸으로 부딪혀 줬기에 바로 근대적 세계관, 근대적 실험과학의 문이 활짝 열린 것입니다.

데카르트 철학의 유물론적 출발점

여기서 우리의 눈을 대륙으로 돌려 봅시다. 신흥 부르주아지의 힘이 아직 영국보다 약했던 프랑스에서는 유물론적 세계관의 전진이 조금 더 복잡한 경로를 밟았습니다.

물론 프랑스에서도 새로운 사상의 태동은 이미 힘차게 시작됐고, 수학자·천문학자로도 유명한 피에르 가상디(1592~1655년)는 스콜라적 아리스토텔레스주의를 공격하고 에피쿠로스의 원자론적 유물론을 높이 평가함으로써 유물론의 전진을 고무하고 있었습니다. 해석 기하학과 굴절 광학의 창시자인 르네 데카르트(1596~1650년)도 이런 새 사상의 태동을 대표하는 철학자 가운데 한 사람이었습니다. 그도 철학의 임무를 영국의 프란시스 베이컨처럼 이해했습니다. "학교(스콜라)에서 가르치는 사변 철학" 대신에 그는 "실천 철학"을 주장했습니다. 다음과 같이 말하면서요. "그로써 우리는, 마치 우리가 수공업자들의 갖가지 기능을 아는 것처럼 불과 물과 공기와 천체와 드넓은 하늘과 우리를 둘러싼 모든 물체의 힘과 작용을 분명히 알고, 마치 우리가 수공업자의 기능을 이용하는 것처럼 그것들을 제각기 적절한 용도에 맞게 사용할 수 있게 되며, 이렇게 해서 우리 자신을 자연계의 주인이고 소유자처럼 만들 수 있다."

이런 관점에서 데카르트는 자연 전체를 하나의 커다란 기계장치 같은 것으로 이해하고, 마찬가지로 인간의 신체도 일종의 기계 같은 것으로 이해하는 《우주론》과 《인간론》을 썼습니다: 자연은 물질 자체다. 물질은 기계적 운동을 본성으로 하고, 운동은 창조되지도 줄어들지도 않는다. 이 운동으로써 태양·항성·행성·혜성 등의 형성도, 다른 자연 현상 일체도 합리적으로 설명할 수 있다. 동물도 일종의 자동 기계다. 인간도 사고하는 정신을 장착한 자동 기계로 설명할 수 있다.

이것이 데카르트 책의 기본 구상입니다. 자연에 대한 이런 인식은 아리스토텔레스 이래의 목적론적인 사고방식을 완전히 내쫓아 버린, 기본적으로 유물론적인 인식이었습니다. 게다가 전체적으로 기계론의 틀 안에 있었다고는 하나, 우주를 자체 법칙에 따라 역사적으로 발전하는 시스템으로 이해하려는 그의 시도는 변증법적 자연관의 요건도 겸비했습니다. 동물을 일종의 기계로 보는 관점을 두고 마르크스는 "중세와는 달리 매뉴팩처 시대의 눈으로 보고 있"음을 나타내는 것이라고 지적했습니다. "중세에는 동물을 인간의 조수로 간주했다"고 하니까요.[38]

그러나 데카르트는 《우주론》과 《인간론》의 공개를 단념할 수밖에 없었습니다. 탈고하고 얼마 지나지 않아, 갈릴레오 갈릴레이가 지동설을 주장했다는 이유로 교황청의 유죄 선고를 받았다는 사실을 알게 됐기 때문입니다. 데카르트는 친구에게 보낸 편지에서 다음과 같이 말했습니다. "지동설이 잘못된 것이라면, 내 철학의 토대도 모두 잘못된 것이라는 말이 되네. 내 원고에서 지동설은 확실하게 논증됐으니 말이야. 지동설은 내 원고의 모든 부분과 굳게 연결돼 있어서 지동설을 제거하면 나머지 부분도 완전히 쓸모가 없다네. 그렇다고 해도, 교회가 승인하지 않은 것을 일언반구라도 입에 담는 일은 피하고 싶다네. 이 논고를 [지동설을 축출해] 불완전한 상태로 세상에 내놓느니 그냥 폐기하는 걸 선택하겠다네."

데카르트의 타협과 이원론 구축

그런데 머지않아 데카르트는 반드시 신학과 대결하지 않아도 자신의 철학을 세상에 내놓을 수 있지 않을까 하고 생각하게 됩니다. '명석·판명이 진리의 규준規準이고, 이 규준을 충족하는 인식은 도저히 의심할 수 없이 명증된 직관과 그것에서 출발한 이성적 연역으로 얻을 수 있다.' 이것이 데카르트의 일관된 방법상의 입장이었는데, 이 방법을 적용함으로써 신학의 규범도 만족시키는 한편 자신의 철학도 구축할 수 있지 않을까 하고 생각했던 것입니다. 대략 다음처럼요: 확실한 지식에 도달하려면 우선 모든 것을 의심해야 한다. 그리고 모든 것을 의심하고도 더 의심할 수 없는 것만을 확실한 출발점으로 삼아야 한다. 그런 것이 있는가? 있다. 오직 하나가 있다. 그것은 내 정신이 실재한다는 것이다. 감각이 가리키는 것은 얼마든지 의심할 수 있다. 감각의 증언은 사람마다, 그리고 때에 따라 달라지는 불확실한 것이고, 누군가 우리에게 마법을 걸어, 있지도 않은 환상을 보여 주고 있을지 모른다고 의심할 수도 있다. 그러나 그런 식으로 내가 의심한다는 것, 그렇게 의심하는(사고하는) 내가 있다는 바로 그것, 이것은 의심하려야 의심할 수 없다. 나는 생각한다, 그러므로 나는 존재한다. 그리고 그 '나'란 사고하는 정신이다. 정신이라는 실체가 실재한다는 것, 이것이 확실한 출발점이다. 그런데 나의 정신 안에는 '가장 완전하고 무한한 것'을 의미하는 '신'이라는 관념이 존재한다. 이것은 감각을 통해 주어진 것일 수 없다. 왜냐하면 감각할 수 있는 것은 모두 유한하고 불완전하기 때문이다. 그렇다면 신이라는 관념은 나의 정신 안에 처음부터 갖춰진 것, 즉 '생득관념生得觀念'[나면서부터 갖고 있는 선천적 관념]인 것이다. 그렇다면 그것은 어디서 왔는가? 그 원천은 현실에서 무한하고 완전한 존재, 즉 신 이외에는 있을 수 없다. 신은 있다. 이것은 확실하다. 한편, '완전성' 안에는 '진실성'도 포함된다. 참되지 않은 것은 완전하지 않다. 따라서 신은 인간을 속이지 않는다. 그렇다면 감각 기관이 내게 고하는 물질적 외부 세계의 실재, 이것도 확실한 것이다.

그는 이 정도로 서론을 달았으니 이제 안심하고 물질세계를 연구할 수 있겠거니 생각한 것이죠.

데카르트 철학의 모순과 역사적 의의

그런데 그가 여기서 사용한 논법은 그다지 새로울 게 없는, 교부 철학이나 스콜라 철학에 이미 담겨 있던 것입니다. 스콜라 철학으로부터 탈피하려는 그의 방법이 이런 논법에 빠져들었으니, 정말 얄궂은 일입니다. 데카르트 방법의 본래 목적은 어디까지나 이성의 입장을 관철하려는 합리주의에 있었는데, 그러면서 그는 이성을 감각에서 분리시켜 이성만을 진정으로 신뢰할 수 있는 것으로 간주합니다. 이런 입장은 '유리론唯理論'이라 불렸고, '이성론'이나 '합리론'으로 불리기도 합니다. 하지만 이래서는 결코 진정으로 합리적일 수 없습니다.*

어찌 됐든 이런 논법으로 말미암아 데카르트는 세계는 정신과 물질이라는 두 가지 실체로부터 성립한다는 이원론 체계를 구축해 버렸습니다. 그리고 이 정신은 '생득관념'이라는 정체 모를 것을 짊어지게 됐습니다. 이 이원론은 데카르트에게 인간의 정신과 육체의 결합을 어떻게 설명할 것인가 하는 난제를 안겼습니다. 물질과 정신이 서로 아무런 공통점도 없고 서로 아무런 연계나 교섭도 없는 독립된 실체들이라고 해 놓고, 둘 사이의 연관을 설명해야 하니 그야말로 풀기 어려운 난제가 아닐 수 없습니다. 이원론이라는 문제 설정 자체가 문제이기 때문에, 유물론

---

* '나는 생각한다'로부터 '나는 생각이다'라는 결론을 이끌어 낼 수 있다면, '나는 산책한다'에서 '나는 산책이다'라는 결론을 이끌어 낼 수 있을 것이라고 데카르트와 동시대 사람인 홉스는 통렬하게 비판했습니다(홉스는 다음 장에서 다루겠습니다). '생각이 생각한다'는 것은 '산책이 산책한다' 같은 스콜라적 어법으로, 이런 표현은 "전부 불명료하고 부적절해서, 언제나 명쾌했던 데카르트 씨에게 도무지 어울리지 않는다." 그리고 홉스는 묻습니다: 생각하는 주체인 '나'는 어떤 물질적 존재다, 그렇게 생각하는 편이 훨씬 합리적이지 않은가? 가상디도 이와 유사한 비판을 했는데, 훌륭하고도 날카로운 비판입니다.

이나 관념론이냐 둘 중 하나에 철저하지 않고서는 이 문제를 풀 도리가 없습니다. 실제로 데카르트 학파는 이 두 방향으로 분열합니다.

데카르트 철학의 역사적 의의는, 이런 방식으로 철학의 근본 문제를 부각하고 모든 철학으로 하여금 그 문제와의 대결을 피할 수 없는 과제로 자각하도록 만들었다는 데 있습니다. 데카르트가 종종 근대 철학의 창시자라 불리는 것도 이 때문입니다.

다만, 데카르트 자신은 이 대결을 회피하고 본래의 유물론적 지향을 굽혀 관념론에 크게 타협했습니다. 이런 타협은, 이미 말한 것처럼 그리고 데카르트 자신이 "나는 가면을 쓰고 등장한다"고 쓴 것처럼 불가피한 장치로서 선택된 우회 전술이었지만, 신학자들이 가면 뒤의 맨 얼굴을 놓칠 리 없었습니다. 그들은 데카르트에게 '무신론자' 딱지를 붙이고 비난과 공격을 집중적으로 퍼부었습니다. 그리고 그때마다 데카르트는 전술적으로 후퇴하며 점점 더 두꺼운 가면을 쓰게 됐는데, 그러다 보니 언제부턴가 그 가면은 '살에 들러붙은 가면'이 돼 버렸습니다.

데카르트 학파, 두 진영으로 분열

데카르트 철학이 본래 지니고 있던 기계론적 유물론의 방향을 철저히 전개해 데카르트적 이원론의 모순을 극복하려던 유파에 대해 마르크스는 다음과 같이 묘사합니다. "이 유파는 의

사 르로아(1598~1679년)에서 시작돼, 의사 카바니스(1757~1808년)에서 정점에 도달했고, 의사 라메트리(1709~1751년)가 그 중심에 있다. 데카르트가 아직 살아 있을 때 르로아는 동물의 구조에 대한 데카르트의 설을 — 18세기에 라메트리가 그랬던 것처럼 — 인간의 영혼에 적용해, 영혼은 육체의 한 양태이고 관념은 기계적 운동이라고 설명했다. … 18세기 말 카바니스는 자신의 저서《인간의 육체와 정신의 관계》에서 데카르트학파적 유물론을 완성했다."[39] 여기서 마르크스는 다음과 같은 흥미로운 에피소드도 덧붙입니다. 르로아는 데카르트가 자신의 진짜 생각을 숨기고 있고 자신은 데카르트의 진의를 솔직하게 말했을 뿐이라고 믿었다고 했는데, 데카르트는 그건 오해라며 이의를 제기했더라고 말입니다.

한편, 철저한 관념론의 관점에서 데카르트 철학의 모순을 해결하려던 유파로는 코르드무아(1626~1684년)와 말브랑슈(1638~1715년)가 있습니다. 신을 끌어들여 정신과 육체의 연관을 설명하려 한 것입니다. '마음의 움직임이 곧장 신체의 움직임을 끌어내는 것도 아니고, 신체의 자극이 곧장 마음에 전달되는 것도 아니다. 서로 상대가 움직일 계기를 만들 뿐이며, 마음에서 신체로 신체에서 마음으로의 전달을 관장하는 것은 신이다.' 괴로울 때면 신을 찾는다지만, 이렇게 신에게 모든 일 처리를 맡겨 버린 것입니다. 그런데 이렇게 신에게 만사를 맡겨 버리면, 그 신은 굉장히 다망하고 우스꽝스런 존재, 즉 모든 인간의 일거수일투족과 생각 하나하나를 심신의 줄을 당겨 조정하는 인형술사 같은 존재로 전락하게 됩니다. 게다가 이래서는 인간도 유물론파가 상정한 자동 기계보다도 못한 꼭두각시로 전락하게 됩니다. 그들 입장에서도 이건 곤란했습니다. 그 부분을 어떻게든 얼버무리고 그렇게 되지 않도록 어떻게 앞뒤를 잘 맞출 것인가. 이것이 그 유파가 고심한 부분인데, 참으로 바보 같은 고심을 했더랬지요.

스피노자가 내세운 '신즉자연' 일원론

한편, 데카르트적 이원론을 더욱 본격적인 '신 일원론'의 방향으로 극복한 듯 보이지만 사실은 유물론적 성격이 짙은 체계를 구축한 인물이 있습니다. 바로 네덜란드의 철학자 스피노자(1632~1677년)입니다.

당시 네덜란드는 스페인의 지배에서 벗어나 독립을 쟁취한 이후 발 빠르게 "17세기의 전형적인 자본주의 국가"가[40] 됐고, 덕분에 사상적으로도 비교적 자유로워 데카르트도 생애의 나머지 절반을 이곳에서 보냈습니다. 물론 이 '자유'는 당시 다른 유럽 나라들에 견줘서 그랬다는 것이고, 공공연히 무신론을 주장할 자유는 존재하지 않았지만 말입니다.

세계에는 단 하나의 실체가 있을 뿐이라고 스피노자는 주장했습니다. 그리고 그것을 '신'이라 부르고, 또한 '자연'이라고도 불렀습니다. 그의 정의定義에 따르면, "실체"란 "자기 자신에 의해 존재하는 것"이며, 따라서 자신이 자신의 원인 같은 것이라고 했습니다. 이런 실체로서 존재하는 유일한 것이 바로 "신, 즉 자연"이라고 합니다.

이미 살펴봤듯이 데카르트는 정신과 물질이라는 서로 독립된 두 개의 실체를 인정하고, 전자의 속성은 사고이며 후자의 속성은 연장(넓힘)이라고 했습니다. 스피노자는 사고와 연장은 유일한 실체인 신이 지닌 무수한 속성 가운데서 우리 인간이 인식할 수 있는 두 가지일 뿐이라면서 '신'을 '자연'과 같은 것으로 봤습니다.

"존재하는 것은 모두 신 가운데 있다. 그리고 어떤 것도 신 없이는 존재할 수 없고 생각할 수도 없다"고 스피노자는 썼습니다. 이것은 순전한 신 일원론이고 범신론입니다. 그런데 그 신이 곧 자연이라 하고, 이 자연으로서 '신'에게는 보통 신에게 귀속되는 인격적 속성 — 감정은커녕 자유의지조차 — 이 인정되지 않습니다. 따라서 이 신 일원론은 곧 자연 일원론이며, 그러는 한 유물론적 성격이 있다고 해야 할 것입니다. '자기 원인'으로서 자연을 파악하는 방법 속에는 강력한 변증법적 자연관의 요소가 포함돼 있기도 합니다. "자연을 해석하는 방법은 오로지 자연의 역사를 총괄하는 데 있다"는 그의 말에는 유물론적이고 변증법적인 자연관이 특히 명료하게 표현돼 있다고 할 수 있습니다.

신에 취한 무신론자 스피노자

그러나 자연은 곧 신이고 사고가 신의 본질적 속성 가운데 하나라고도 하니, 이 '사고'라는 말을 의식 일반이라는 넓은 의미로 이해하더라도 그것은 모든 자연물을 살아 있는 것으로 보는 물활론物活論의 입장에 선 것입니다. 이래서는 유물론이라 하더라도 매우 신비주의적인 유물론이라고 해야겠죠. 게다가 스피노자의 철학은 감각이야말로 모든 인식의 유일한 원천이라는 유물론의 대전제가 아니라 데카르트의 유리론에 근거해 있습니다. 스피노자의 주요 저작은 《기하학적 방법으로 논증된 윤리학》입니다. 이 제목이 가리키듯이 이 책은 유클리드 기하학을 모델로 하고 몇몇 기본 개념의 정의 — 앞서 소개한 '실체'의 정의나 '절대 무한의 존재'로서 '신'의 정의 같은 — 와 자명한 진리라고 생각되는 몇몇 공리를 출발점으로 해서, 거기서 모든 것 — 세계의 본성을 비롯해 정신의 본성과 기원, 감정의 기원과 본성, 감정의 힘, 지성의 능력 등에 이르기까지 — 을 논리적으로 이끌어 내려고 한 것입니다. 명제 하나하나가 전제된 정의와 공리에 따라 "정리定理"로 증명되고, 그 정리와 계系가 차례로 쌓아 올려지는 방법은 굉장히 '합리적'입니다. 그러나 감각으로부터 출발하기를 거부한다는 점에서 결코 진정으로 합리적이라고는 할 수 없고, 진정으로 유물론적이라고도 할 수 없습니다.

이처럼 신비주의가 들러붙어 있긴 했지만, 가장 지적으로 세련된 범신론으로서 스피노자의 체계가 유물론에 두드러지게 근접했다는 점은 사실입니다. 그래서 후대에는《푸른 꽃》의 저자 노발리스처럼 스피노자를 "신에 취한 사람"으로 평가하고 스피노자 철학을 무신론의 대척점에 선 것으로 보며 동경하는 사람도 생겨났습니다. 그러나 그가 살았던 시대는 그를 '무신론의 거두'라며 경계했고, 네덜란드 정부는 사후 그의 친구들에 의해 출판된 저작집을 "종교를 모멸하는 무신론적 교설"이 포함됐다는 이유로 금지했습니다.

스피노자가 "국가를 인간의 눈으로 고찰하고, 신학이 아닌 이성과 경험에서 국가의 자연적 법칙들을 전개하기 시작한"[41] 최초의 이론가 가운데 한 사람이었다는 점도 덧붙여 두겠습니다. 그는 사상·언론 자유의 열렬한 옹호자였고, 공화제야말로 사상·언론의 자유를 가장 잘 보장할 수 있고 "인간 본성"에 가장 잘 어울리는 국가 형태라고 생각했습니다. 또한 그는 종교적 권위로부터의 자유를 주장하며 종교의 본질과 정치적 역할도 날카롭게 분석해, 성서를 과학적·비평적으로 연구하는 기초를 닦았습니다. "인간이 잘못된 믿음에 따라 예배해 온 것 일체는 상상의 산물, 슬픈 마음, 두려운 마음의 환영이었을 뿐이다" 하고 그는 썼습니다. 게다가 이런 종교가 권력자에 의해 이용될 때 사람들은 "예속을 위해 싸우는 것을 마치 행복한 삶을 위해 싸우는 것처럼 착각하게 된다"고 했습니다. 스피노자가 위험한 무신론자로 지목된 데는 그만한 이유가 있었던 것입니다.

4장

부르주아 혁명 시대의 철학

1. 영국 혁명과 칼뱅주의

1649년 혁명과 칼뱅주의

프랑스에서 데카르트가 "가면을 쓰고 등장"하느라 고심하던 무렵 일찍이 영국에서는 부르주아 혁명의 불길이 타올랐습니다.

혁명의 도화선이 된 일은 국왕이 의회 승인 없이 선박세를 징수하려던 것인데, 부르주아지는 선박세 지불을 거부하고 업무 중지에 돌입했습니다. 이런 투쟁 속에서 1640년에 열린 의회를 무대로, 즉 국왕과 의회의 대립이라는 형태로 혁명이 시작됐고, 도시와 농촌의 민중 봉기가 혁명에 호응했습니다. 혁명은 머지않아 공공연한 무력 투쟁에 돌입했고, 마침내 1649년 크롬웰

(1599~1658년)의 지도 아래 국왕을 처형하고 군주제 폐지를 실현해 공화제를 수립하면서 최고조에 이르게 됩니다.

이 혁명에 "이데올로기적 겉옷을 제공한" 것은 프랑스 태생으로 제네바에서 활동한 종교개혁가 칼뱅(1509~1564년)의 교의였습니다. 이 교의는 이미 "제네바, 네덜란드, 스코틀랜드에서 공화주의자들의 깃발 구실을 하고 있었"습니다.[1]

마르크스는 다음과 같이 썼습니다.

> 인간은 스스로 자신의 역사를 만든다. 다만, 자기가 원하는 소재로 만드는 것이 아니다. 즉, 자신이 선택한 상황에서 만드는 것이 아니다. 바로 눈앞에 있는, 이미 주어진, 과거로부터 물려받은 상황하에서 만드는 것이다. 모든 죽은 세대의 전통이 살아 있는 세대의 머리를 악몽처럼 짓누르고 있다. 여기서 인간은, 자신과 사물을 변혁하는 일, 지금껏 없었던 것을 만들어 내는 일에 여념이 없는 듯 보이는 바로 그때, 바로 그런 혁명적 위기의 시기에, 노심초사하며 과거의 망령을 불러내어 도움을 구하고, 그 이름과 전투의 구호와 의상을 빌려 와, 그런 유서 깊은 복장으로 그런 빌려 온 대사로, 세계사의 새로운 장면을 연출한다.[2]

그리고 이어서 썼습니다. 그런 이유로 "크롬웰과 영국 민중은 그들의 부르주아 혁명을 위한 언어와 열정과 상상을 구약성서에

서 빌려 왔다"고 말이죠.[3]

칼뱅의 예정론과 부르주아지

칼뱅 교의의 두드러진 특징은 '예정론'이라고 불리는 것입니다. 예정론은 사람이 구원을 받느냐 못 받느냐는 오로지 신의 뜻에 따른 것이지 인간 행위에 따른 것이 아니라는 신 절대 주권론을 파고들어 가, 구원받는 자와 구원받지 못하는 자는 이미 천지창조 때부터 신에 의해 미리 결정돼 있다는 학설로, "오직 믿음으로 의롭다고 인정받는다"는 이신칭의론과 결합돼 칼뱅 교의의 중심을 이뤘습니다. 언뜻 보면, 이 기이한 견해는 유대인이 신에게 '선택받은 인민'이라는 구약성서의 사상 — 유대교 사상 — 을 그리스도교적으로 변형한 것입니다. 그 견해는 "당시 부르주아지 가운데 가장 대담한 세력들에게 적합한 것이었다"고 엥겔스는 지적합니다. 다시 말해, "칼뱅의 예정론은 경쟁이 벌어지는 상업 세계에서 성공과 실패는 개인의 노력이나 총명함이 아니라 그가 제어할 수 없는 사정에 달려 있다는 사실의 종교적 표현이었다"는 것이죠.[4] 그리고 엥겔스는 칼뱅이 자주 인용하던 신약성서 '로마인들에게 보낸 편지[로마서]'의 한 구절, "[하느님께서는 모세에게 말씀하셨습니다.] '나는 내가 자비를 베풀려는 이에게 자비를 베풀고 동정을 베풀려는 이에게 동정을 베푼다.' 그러므로 그것은 사람의 의지나 노력이 아니라 하느님의 자비에 달려 있습니다"(9장 15~16절)를 따와 "즉, 인간의 의지나 노력에 달려 있는 것이 아니라 미지의 우월한 경제력의 자비에 달려 있다는 말이다" 하고 주석을 달고는, "그리고 이것은 당시 같은 경제 혁명의 시기에는 특히 진실이었다"고 덧붙였습니다. 사실 당시는 "기존 통상로와 상업 중심지가 모두 새 것으로 바뀌고, 인도와 아메리카가 세계에 개방되고, 경제상 가장 신성한 신조信條인 금과 은의 가치마저도 동요하고 붕괴하기 시작한" 그런 시기였습니다.[5]

마르크스도 다음과 같이 말합니다. "부르주아 사회가 비영웅적이라고는 하나, 이 사회를 세상에 내보내기 위해서는 역시나 영웅주의가, 희생과 테러와 내전과 국민 간의 수많은 전투가 필요했다."[6] 이 영웅주의를 만들어 내기 위해 필요했던 것, 즉 "[부르주아 사회의 투사들이] 자신들 투쟁 내용의 부르주아적 한계를 자신과 자신의 눈에 안 보이게 감추고, 자신들의 열정을 위대한 역사적 비극의 높은 차원에서 유지하기 위해 그들에게 필요했던 자기기만,"[7] 그것이 그들에게는 칼뱅주의였다고 할 수 있습니다.

혁명의 진정한 영웅과 계산대 뒤의 사령관들

이 칼뱅주의로 "신의 선민選民"이라는 이데올로기적 무장을 갖추고 크롬웰의 지도 아래 국왕군을 격파한 혁명군의 주요 구성원들은 독립 자영농이었습니다. 한편, 혁명파의 가장 왼쪽을 이룬 세력은 런던의 도시 하층민 운동 속에서 성장한 이른바 '수평파Levellers'였습니다. 수평파는 인민주권과 민주공화제 실현을 요구로 내걸고 혁명군 병사들 속에서 커다란 영향력을 미쳤습니다. "만약 이 자영농과 도시 하층민 세력이 없었으면 부르주아지만으로는 결코 이 전투를 마지막까지 치르지 못했을 것이고, 또한 결코 찰스 1세를 단두대로 보내지도 않았을 것"이라고 엥겔스는 말합니다.[8] 즉, 영국 부르주아 혁명의 진정한 영웅은 농민과 도시 하층민 — 프롤레타리아의 맹아 — 이었던 것입니다. 그리고 그들을 이용하고 또한 그들에게서 압력을 받으면서 크롬웰 등 "부르주아 사회의 검투사들"이 혁명을 이끌었지만, "진짜 사령관들은 계산대 뒤에 앉아 있었"습니다.[9]

"계산대 뒤의 사령관들" 눈에는 혁명의 진정한 영웅들이 이루어 낸 1649년의 혁명적 고양이 지나치게 위험해 보였습니다. 그러나 이렇게 혁명이 '과도'하게 나아가지 않았다면, 부르주아지는 "당시 거둬들이기에 충분할 정도로 무르익은 부르주아지의 전과戰果"를 수확할 수도 없었을 것이고, "사실은 이것이 부르주아 사회의 발전 법칙 중 하나인 듯하다"고 엥겔스는 지적합니다.[10] 그럼에도 그 과도함은 부르주아지 입장에서는 분명히 그냥 내버려 둘 수 없는 것이었습니다.

혁명의 승리가 확실해졌을 때 부르주아지는 곧바로 크롬웰의 손을 빌려 '수평파'를 압살했습니다. "사유재산권이야말로 인간을 신음하고 고통스럽게 만드는 저주이자 무거운 짐"이라고 말하고 스스로를 '진정한 평등파'라 부르며 토지 공유를 주장하고 이를 실천해 공유지를 경작하기 시작한 데서 비롯해 "디거스"(땅을 파는 사람들)라고 불린 가장 급진적인 민중 운동도, 시작하자마자 해산당하고 말았습니다. 혁명의 승리와 함께 혁명의 보수화가 급속도로 진행되기 시작한 것입니다.

왕정 복고에서 명예혁명으로: 영국 부르주아 정치 체제의 확립

그러나 혁명의 보수화를 순조롭게 실현하기 위해서는 혁명 쪽으로 한 번 기운 저울추를 바람직한 중심을 지나 그 반대 방향으로 다시 한 번 '과도하게' 기울여야 했습니다. 그러려면 보수화의 지휘봉을 쥐고 있던 크롬웰마저도 극복해야 했습니다. 그래서 "사령관들"은 크롬웰의 죽음을 계기로, 프랑스에 망명 중이던, 처형된 전 국왕의 왕자들을 정중하게 모셔 와 왕정 복고극을 연출하기에 이릅니다(1660년).

나락에서 무대로 되돌아간 이 구시대 유물들, 즉 찰스 2세와 제임스 2세 형제는 혁명으로부터 배운 게 아무것도 없었고, 마치 시대가 그 옛날 절대왕정으로 돌아갔다는 듯이 굴다가 결국 자신의 입지를 무너뜨리게 됩니다. 그러는 동안에도 혁명의 저울추는 좌우로 조금씩 진자 운동을 이어 갔습니다. 옛 혁명의 기억에 호소한 국왕 타도 시도나 민중 봉기도 발생했지만, "사령관들"은 여전히 계산대 뒤에 앉아 움직일 줄 몰랐고 봉기 참가자들이 죽도록 내버려 뒀습니다. 이렇게 대중 운동에 의한 혁명의 가능성이 남김없이 근절되고 또 한편 왕조 복고에 대한 사람들의 지지가 땅에 떨어지기를 기다린 끝에야 비로소 "사령관들"은 계산대 뒤에서 천천히 몸을 일으켰습니다. 그들은 제임스 2세의 딸과 결혼한 네덜란드 총독 오렌지공公 윌리엄을 1688년에 새 국왕(윌리엄 3세)으로 불러들입니다. 제임스 2세는 자신의 딸 부부와 싸워 보지도 못하고 도망쳐야 했습니다. 이것이 이른바 '명예혁명'입니다.

이렇게 반세기에 걸친 정치적 격동이 막을 내리고 겨우 저울추가 있어야 할 곳에서 무게 중심을 잡자, 이것이 새로운 출발점이 됐습니다.

이 새로운 출발점은 형식으로 보자면 "신흥 중간계급(부르주아지)과 옛 봉건 지주 사이의 타협"이었습니다.[11] 그러나 부르주아지의 타협 상대였던 옛 봉건 지주들은 위엄 있는 '귀족' 칭호는 유지했지만, 이미 "그 관습과 성향은 봉건적이기보다는 훨씬 부르주아적"이었고 일찍부터 "산업 생산의 발전을 방해하기는커녕 오히려 그로부터 간접 이익을 얻는 데 애썼"던 자들로, "자신들의 경제적 번영이 상공업 중간계급의 그것과 분리될 수 없을 정도로 밀접한 관계라는 것을 너무나 잘 알고 있"던 존재였기 때문에 그 "타협이 쉽게 성사"될 수 있었습니다.[12] 이렇게 해서 "'명예혁명'은 오렌지공 윌리엄 3세와 함께 지주적·자본가적 잉여가

치 취득자들을 지배자의 지위에 앉혔"습니다.[13]

이렇게 해서 사실상 "오렌지공 윌리엄의 시대에 자신의 정치 체제를 확립하게 된 영국 부르주아지"에게[14] 이제 필요한 것은, 혁명의 환상에 스스로 도취될 필요가 있던 시기의 이데올로기인 칼뱅주의 대신 "냉정한 현실 속 부르주아 사회"의[15] 이데올로기였습니다. 일상이 된 삶에서 부르주아지는 자신들의 타협적 성격에 걸맞게도, 옛 절대왕정 시대의 국교였던 영국 국교회, 곧 국왕을 교종으로 하는 가톨릭이라고나 할 만한 종교를 칼뱅주의로 중화시킨 것을 신봉했는데, 이제 그것의 기초가 될 철학이 필요했던 것입니다. 이 요구에 재빨리 응답한 인물이 명예혁명 시기 지도적 정치사상가이자 경제학자였던 존 로크(1632~1704년)였습니다. 그리고 로크에 앞서 1차 혁명기부터 왕정 복고기까지 내전의 시대를 살았고 "영국의 가장 오래된 경제학자이자 가장 독창적인 철학자 가운데 한 사람"인[16] 토머스 홉스(1588~1679년)가 가차 없고 '냉철한 철학' 체계를 구축하고 있었습니다.

2. 영국 내전 시기의 유물론

홉스의 '냉철한 철학'과 내전 시기의 인간상

차가운 눈으로 모든 환상을 거부하려는 자세에서 홉스의 철학은 출발합니다. 홉스 철학을 가로지르는 지향은 단호한 유물론이며, 그 유물론은 프란시스 베이컨의 유물론에 들러붙어 있던 신학적 모호함을 대부분 일소할 만큼 철저했습니다. 그 대신 베이컨의 유물론에 감돌던 시적 정취는 완전히 자취를 감추게 됩니다. 베이컨 철학의 혼란스러움을 한층 더 유물론적인 방향으로 정리함과 동시에, 그 혼란스러움에 포함돼 있던 풍부한 가능성마저도 가차 없이 희생시켜서, 유물론을 핏기 빠진 모습으로 일면화한 것이 홉스 철학의 두드러진 특징입니다. 홉스 자신은 다음과 같이 말합니다. "진정한 (즉, 정확한) 철학은 언어의 분칠을 거부할 뿐 아니라 거의 일체의 분장을 거부한다. 모든 학문의 첫째 원리는 눈부신 찬란함이기는커녕 사실상 초라하고 말라비틀어져 거의 추악하다고 할 만한 것이다."

세계에는 서로 뿔뿔이 흩어진 각각의 물체와 그것들의 멈추지 않는 맹목적 운동이 있을 뿐이라는 것이 홉스가 그리는 세계의 모습입니다: 인간 개개인도 이런 물체일 뿐이다. 인간이라는 물체를 움직이는 것은 욕망이고 그 욕망을 채울 수단인 힘을 향한 멈추지 않는 욕구다. "계속해서 힘을 구하고 죽음을 통해서만 소멸되는 끊임없이 멈추지 않는 욕구." 이것이 "모든 인류의 일반적 성향"이고, 이 때문에 "우리가 이 세상을 살아가는 동안에는 정신의 영원한 평화 따위는 존재하지 않는다."

이런 살풍경, 일체의 시적 정취를 거부한 스산한 세계상 — 홉스의 "유물론은 인간을 싫어하게 만든다"고 마르크스는 썼습니다[17] — 을 굳이 시적으로 형상화하려 한다면 그 실마리는 단테가 그린 지옥에서나 찾을 수 있을 것입니다.

그곳은, 모든 빛이 침묵하고 사라져
서로 부딪치는 바람이 때려 치는 폭풍의 바다처럼
오직 굉음만이 들려오는 곳
쉴 새 없이 휘몰아치는 지옥의 업풍은
망령들을 움켜잡아
흔들어 대고 서로 부딪고 괴롭힌다
…
추위에 다다르자 날개 치는 찌르레기
하늘 가득 무리 지어 날 듯
죄지은 영혼의 무리는 바람에 날려
이곳으로 저곳으로 아래로 위로
휘몰아쳐서 휴식은커녕
조금치의 평온함이 깃들 희망조차 없다
(단테, 《신곡》 지옥편, 제5곡)

이것이 홉스의 눈에 비친 [영국] 내전 시기의 인간상 자체였습니다. 그러나 그 인간상은 객관적으로는 그 이상의 것, 즉 부르주아적 인간상 자체의 일반적 모습을 앞질러 본 것이기도 했습니다.*

---

* "자신의 생산물을 판매할 판로를 끊임없이 확장해야 한다는 필요는 부르주아지를 몰아붙여 전 지구로 내몬다. 그들은 도처에 둥지를 틀어야 하고, 도처에 정착해야 하며, 도처에서 관계를 맺어야 한다"고 마르크스와 엥겔스는 지적합니다(『共産党宣言』 マル·エン全集4, p.479 [국역: 《공산당 선언》]). "부르주아지는 생산 도구를, 따라서 생산관계를, 따라서 사회관계를 끊임없이 변혁하지 않고서는 존재할 수 없다. … 생산의 끊임없는 변혁, 모든 사회 상태의 끊임없는 동요, 영원한 불안정과 변동, 이것이 이전의 모든 시대와 구별되는 부르주아 시대의 특징이다. 모든 고정되고 녹슨 관계들은 그에 수반한 낡고 고귀한 관념들과 견해들과 함께 해체되고, 새롭게 형성된 모든 관계들은 굳어지기도 전에 낡은 것이 된다. 모든 신분적인 것과 항상적인 것은 연기처럼 사라지고, 모든 신성한 것은 모독당하며, 그래서 사람들은 마침내 자신들의 생활상 지위와 상호관계를 차가운 눈으로 바라보지 않을 수 없게 된다"(같은 책, pp.478-479).
여기서 "차가운"으로 번역한 말은, 앞서 몇 차례 인용했던 "냉정한 현실 속의 부르주아 사회"라는 마르크스의 문장에서 "냉정한"으로 번역한 말과 같은 것입니다. 내전 시기 영국 사회의 현실이 홉스에게 길러 준 차가운 눈, 그 눈이 부르주아지 시대의 일반적 특징을, 내전 시기의 인간상 속에서 부르주아적 인간상의 일반적인 모습을 앞질러 직관했다고 말할 수 있을 것입니다. 바로 이 눈 덕분에 홉스는 "인간의 가치, 즉 값어치란 다른 모든 것과 마찬가지로 그의 가격이다. 다시 말해, 그의 힘을 사용한 대가로 지불될 금액"이라고 통찰할 수 있었던 것입니다. 마르크스는 홉스의 이런 통찰 때문에 그를 "영국의 가장 오래된 경제학자"라고 불렀습니다. 그리고 마르크스는 그 통찰을 두고 "노동자가 판매하는 것은 그의 **노동** 자체가 아니라 그의 노동력이고, **노동력**을 일시적으로 처분할 권리를 자본가에게 양도하는 것"임을 본능적으로 간파한 것이라고 높이 평가했습니다(『賃金·価格·利潤』 マル·エン全集16, pp.128-129 [국역: 《임금, 가격, 이윤》, 백산서당, 1990]).

홉스 유물론의 유명론적 특징과 불가지론의 요소

홉스의 유물론을 좀 더 자세히 들여다봅시다.

"모든 사고의 처음은 우리가 감각이라고 부르는 것이다." 홉스는 이렇게 베이컨으로부터 출발해 이 말을 굳이 논증할 필요가 없는 자명한 진리로 간주했습니다. 그러면 감각이란 무엇인가? 감각은 외부의 물체가 인간이라는 물체에 부딪혀 그 체내에 불러일으키는 운동이다. 즉, 외부의 물체가 인간의 감각 기관에 직접·간접으로 압력을 미치고 그 압력이 신경 등을 경유해 두뇌와 심장에 다다라 거기서 일으키는 반작용이다. 이런 의미에서 감각은 물질세계의 환상이다. 우리는 이들 감각을 재료로, 어느 정도 일반적인 성질을 띤 관념들을 구성한다. 관념은 환상의 환상이다. 우리는 이들 환상에 '꽃'이나 '개' 같은 이름을 붙인다. 그것은 환상의 기호다. 사고란 이런 기호를 운용해 일련의 논리적 계산을 하는 것이다. 기하학은 이 계산을 조리 있게 그리고 유의미하게 행하기 위한 모델 과학이다. 사고가 조리 있고 유의미하게 이뤄지기 위해서는, 기하학에서 그렇듯이, 사용되는 언어의 의미가 미리 제대로 정의돼 있어야 하며, 다음으로 그것들이 올바르게 배열돼야 한다. 그렇지 않으면, 올가미에 걸린 새처럼 언어에 발목이 잡혀 바둥거릴수록 더 깊이 걸려들고 말 것이다. 가령 "둥근 사각" 따위는 무의미한 말이고 "한낱 소음"일 뿐이다. 마찬가지로, 무형의 실체나 초감각적 실재 따위도 헛소리다. 개별적 물체만이 실재하는 것이다. 보편적·일반적인 것은 언어일 뿐이다.

이것은 철저히 유명론의 주장입니다. 이를 통해 홉스는 베이컨 철학에 들러붙어 있던 신학적 모호함을 벗겨 냈지만, 동시에 유명론 자체에 내포된 불가지론의 요소(중세의 유명론을 다룬 곳에서 설명했습니다)가 이미 드러나고 있다는 점도 봐야 합니다. 왜냐하면 인간의 사고는 어차피 외부를 반영한 환상을 질서 정연하게 하는 것밖에는 할 수 없고, 따라서 어디까지나 외부 대상의 허상에서 벗어날 수 없으므로 대상의 본질 자체를 파고들 수 없다는 얘기이기 때문입니다.

냉엄한 방관자의 철학

이런 의미에서 홉스 철학의 특징은 긍정적 측면에서나 부정적 측면에서나 전형적인 "냉엄한 방관자"의 철학이라고 할 수 있습니다. "냉엄한 방관자"란 나쓰메 소세키가 "학자의 상태"를 지적한 말입니다(정확히는 "부르주아 학자의 상태"라고 해야겠죠). 나쓰메는 다음과 같이 말합니다.

> 학자들은 그들이 다루는 재료에서 한 발 물러나 멈춰 서는 습관이 있다. 다시 말해, 연구 대상을 어떻게든 자기 자신으로부터 분리해 눈앞에 두려 한다. 철두철미한 관찰자다. 관찰자인 이상, 대상과의

> 동화는 거의 기대할 수 없다. … 철학자의 연구도 영원한 제3자로서의 연구로, 연구 대상인 인간의 성정性情과 공통된 맥박이 뛰지 않는 경우가 많다. 학교에서 윤리 선생님이 학생들에게 훌륭한 이야기를 아무리 하더라도, 학생은 학생이고 나는 나라고 분리하기 때문에 학생들의 행동만을 형식적으로 연구할 수는 있어도 사실 학생 입장에서 생각하는 것은 가당치 않은 것과 같다. '강목팔목岡目八目'[당사자보다 제3자가 더 잘 볼 수 있다]이나 '당사자는 망설인다'는 속담도 있을 정도니, 관찰자란 냉정할 수 있다는 유리함 때문에 관찰하는 사물을 더 잘 볼 수 있는 지위에 있는 것은 틀림없다. 하지만 그 이해 방식은, 요컨대 자신이 자신을 이해하는 것과는 크게 다르다. 이런 방식으로 이해한 것이 기계적이기 쉬운 것은 당연하다. … 즉, 외부에서 관찰하고 대상과 떨어져 그 모양을 터득할 뿐, 내부로 들어가 그 이면의 활동으로부터 자연스레 나타나는 형식을 파악할 수는 없는 것이다.[18]

나쓰메 소세키의 말은 그대로 홉스 철학에 대한 적확한 비평으로 읽힙니다. 그리고 바로 이것이 마르크스가 부르주아 유물론 일반의 주요 결함이라고 지적한 것이었습니다.

"지금까지 모든 유물론의 주요 결함"은 "객체의 형식, 즉 관조의 형식"으로 대상을 파악하는 데 그쳐서 그것을 "주체적으로 파악"할 수 없었던 것이라고 마르크스는 씁니다.[19] 여기서 "관조"

는 '직관'으로도 번역됩니다. 떨어진 곳에서, 비유하자면 관객석에서 그저 조용히 바라본다는 느낌을 주는 표현입니다. 다시 말해, "객체의 형식, 즉 관조의 형식으로 파악한다"는 것을 나쓰메의 말로 표현하자면, "외부에서 관찰하고 대상과 떨어져 그 모양을 터득할 뿐"이라는 것입니다. 이와 달리, "주체적으로 파악한다"는 것을 다시 나쓰메의 표현으로 쓰자면, 대상의 "내부로 들어가 그 이면의 활동으로부터 자연스레 나타나는 형식을 파악"하는 것, 대상의 "성격과 공통된 맥박이 뛰고," 말하자면 "자신이 자신을 이해하는 것"처럼 파악하는 것입니다. 실은 이것이 바로 대상에 대한 변증법적 이해입니다. 그러나 홉스의 "냉엄한 방관자의 철학"(마르크스의 말로 "관조적 유물론"[20])이 그런 식으로 파악할 수 없는 한은 불가지론으로 기울 수밖에 없었던 것이 필연적 결과였습니다.

홉스의 사회계약설: 인간의 자연 상태와 '시민사회'

"관조적 유물론이 도달할 수 있는 지점은 기껏해야 각 개인과 시민사회의 관조일 뿐이다"[21] 하고도 마르크스는 지적합니다. 엥겔스가 이 문장을 "'시민사회' 내 각 개인의 관조"라고[22] 편집해 출판한 데서 알 수 있듯이, 파악하는 개인은 결국 부르주아 사회의 개인이며, 게다가 그 부르주아 사회는 "관조의 형식"으로 파악된, 이른바 진실과도 같은 허구로 이뤄진 부르주아 사회의 이미지에 불과하다는 것입니다(엥겔스가 따옴표로 묶어 "시민사회"라고 표현한 것은 이런 뉘앙스를 나타냅니다).

홉스가 관조적(=직관적)으로 파악한 부르주아적 인간상의 내용은 이미 언급한 바 있습니다. 마지막으로 "시민사회"에 대한 그의 이미지(=허구)를 살펴봅시다.

자연 상태에 놓인 인간 사회의 모습은 "만인에 대한 만인의 전쟁 상태"라는 것이 홉스가 우선 내놓은 이미지입니다. 실제로 원시 시대 인간 사회가 그런 상태였는지는 확증할 수 없고 반드시 그런 상태였던 것은 아닐지도 모른다고 홉스는 말합니다. 그러나 인간 본성을 볼 때 논리적으로는 그렇게 상정할 수밖에 없다고 말이죠. 왜냐하면 이미 소개했듯이, "계속해서 힘을 구하고 죽음을 통해서만 소멸되는 끊임없이 멈추지 않는 욕구"가 "모든 인류의 일반적 성향"인 데다, "자연은 인간을 심신의 능력 면에서 평등하게 만들었다"고 홉스는 생각했기 때문입니다. 다소 불평등하더라도 그 차이는 전혀 본질적이지 않다고 그는 말합니다. 왜냐하면 가령 "육체적인 힘은 가장 약한 자라도 몰래 음모를 꾸미거나 자신과 같은 위험에 처한 자와 공모해서 가장 강한 자를 죽일 수 있는 힘이 있기" 때문입니다: 이처럼 "능력의 평등"은 동일한 것을 구하려는 사람들을 서로 투쟁하고 배척하게 만든다. 이런 자연 상태에서는 무슨 짓이든 올바르고 개인은 자기 욕망에 따라 어떤 방법으로든 자신의 힘을 행사할 자유(=자연권)가 있다. 따라서 거기에는 "끊이지 않는 공포와 폭력에 의한 죽음의 위험이 존재하며, 인간의 삶은 고독하고 가난하고 험악하고 잔인한 데다가 짧기까지 하다." 그래서 개인들은 이런 상태를 벗어나기 위해 이성의 판단에 따라 서로 계약을 맺어 "평화와 자기 방어"를 위해 필요하다고 서로가 생각하는 한에서 서로의 권리를 포기한다.

이렇게 해서 성립되는 것이 "시민사회"이고 "공동선"(코먼웰스)으로서 국가라고 합니다.

"인공적 인간"으로서 국가와 홉스의 절대주권설

따라서 국가는 개인들이 자신의 생존권을 보장하기 위해 자기 자신을 재료로 만들어 낸 거대한 "인공적 인간"이라고 홉스는 말합니다: 인간의 기술은 "인공적 생명"을 가진 "인공적 동물"을 만들 수 있다. "시계처럼 태엽과 톱니바퀴로 움직이는 기계 장치"가 그것이다. 태엽은 심장이고, 선은 신경이고, 톱니바퀴는 관절이다. 이처럼 인간의 기술은 국가라는 인공적 인간도 만든다. 그 구성원인 [국민] 개개인의 안전을 지키는 것이 이 인공 인간의 일이다. 국가 전체에 생명과 운동을 부여하는 인공적 영혼은 주권이다. 관리자는 관절, 상벌은 신경. [국민] 개개인의 부와 재산은 체력. 조언자는 기억. 공정과 법은 인공적 이성과 의지. 그 영양은 바다와 육지의 산물. 혈액은 화폐인데, 사람에게서 사람에게로 코먼웰스 곳곳을 돌며 각 부분에 영양분을 제공하며 순환한다. 이 인공 인간은 번식도 한다. 그것이 곧 식민지다. 이 인공 인간의 건강은 평화, 질병은 혼란, 죽음은 내전.

이런 논리에 따라 홉스는 질서 유지를 국가의 최대 주안점으로 보고 주권의 절대성과 불가분[나눌 수 없음]을 강조했습니다. 그가 철학자로 등장한 시기는 그의 나이 40대 중반 이후로,* 이런 국가론을 들고 나오면서부터였습니다. 그런데 마침 그때가 내전 전야라, 그는 왕당파로 지목돼 파리로 망명할 수밖에 없었습니다.**

홉스가 혁명의 적극적 지지자가 아니었음은 확실합니다. 그는 민중을 "강건하지만 질 나쁜 어린아이"라고 부르며 내전에 대해 강한 혐오를 드러냈고, 민주 정치, 귀족 정치, 왕정 가운데 왕정이 가장 뛰어나다고 봤습니다. 그러니 그가 왕당파로 지목된 것

---

* 홉스는 가난하고 배우지 못한 목사 아버지와 독립 자영 농민의 딸이었던 어머니 사이에서 태어났습니다. 아버지가 동료 목사를 때리고 종적을 감춘 뒤 홉스는 장갑 제조업을 하던 큰아버지의 도움으로 대학에 진학했고, 졸업 뒤에는 오랫동안 귀족 집안의 가정교사로 생활했습니다. 베이컨 말년에 그의 서기를 지낸 적도 있습니다. 홉스의 철학적 관심은, 그가 가르치던 귀족 청년과 함께 프랑스를 여행하며 가상디와 데카르트와 교류하면서 — 이탈리아에 갈릴레이를 찾아간 적도 있습니다 — 차츰 형태를 갖추게 됐습니다.

** 그의 국가론이 개진된 책《리바이어던》의 출판 연도는 1651년으로, 내전이 끝나는 해였다 — 옮긴이.

은 그럴 만했던 일입니다.

홉스의 민주주의 사상

그러나 홉스 주장의 논거는, 앞서 살펴봤듯이 전통적인 왕권신수설, 즉 국왕의 권위는 신이 부여했으므로 절대불가침이라는 절대왕정 이데올로기와는 아무 관계없는 것이었고, 오히려 그것과 날카롭게 대립했습니다. 그러니 왕당파가 보기에 홉스는 아무래도 수상쩍은 인물이었습니다. 망명 중에 홉스는 역시 파리로 망명한 '황태자'(훗날 찰스 2세)의 수학 교사를 하면서 자신의 주요 저작 《리바이어던》을* 썼습니다(그 책에서 홉스는 자신의 국가론을 본격적으로 완성했습니다). 그 책 때문에 그는 무신론적이고 위험한 사상가라는 공격을 더욱 강하게 받았고, 결국 망명 궁전의 출입을 금지당했습니다. 이윽고 그는 크롬웰 치하 영국으로 돌아가 그곳에서 왕정 복고를 맞았습니다. 찰스 2세는 한때의 스승을 호의적으로 대했다고 하지만, 왕당파와 종교계의 공격은 그가 92세로 사망한 이후에도 멈추지 않았습니다.

이런 왕당파의 공격도 근거가 없는 것은 분명히 아니었습니다. 홉스가 주권의 절대성과 불가분할성을 주장한 것은 그래야 개개

---

* '리바이어던'은 구약성서에 나오는 거대한 괴수 이름입니다. 홉스는 이를 두고 거대한 인공적 인간인 국가(코먼웰스)를 상징하는 말로 삼았습니다.

인의 생존권을 더 잘 보장한다고 봤기 때문일 뿐입니다. 계약에 따라 주권이 성립할 때 각 개인은 생존권을 보장받는 대가로 자신의 자연권을 포기하는데, 바로 그 이유로 개인의 생존권 자체는 절대로 양도할 수 없는 것이고, 어떤 주권이라도 이 생존권을 빼앗아 갈 수 없습니다. 그래서 "사람은 자신의 생명을 빼앗으려고 힘껏 덤비는 사람들에게 저항할 권리를 포기할 수 없다"고도 홉스는 말합니다. 이것은 틀림없이 민주주의의 사상입니다. 그런데, 주권은 절대적이라는 그의 주장을 뒤집으면 개개인의 생존권을 보장할 능력이 더는 없는 주권은 더는 주권으로서 가치가 없다는 말도 되겠죠. 그리고 그것을 대신할 새로운 주권 아래 사람들이 결집해서 새 질서와 새 국가를 만들어야 한다는 결론에 이르게 됩니다. 이렇게 보면, 홉스에게 '위험한 사상가'라는 낙인을 찍은 반대파의 공격 — 홉스의 국가론은 크롬웰의 권력을 은근히 옹호한 것이라고 보는 사람들도 있었습니다 — 도 얼토당토않은 억지는 아니었습니다.

"냉정한 현실 속 부르주아 사회" 최초의 철학자 홉스

그러나 홉스 자신은 결코 이처럼 분명하게 말하지 않았습니다. 자신의 국가론을 지극히 추상적으로 폈을 뿐입니다. 현실에서 개개인의 생존권을 보장할 수 있는 질서를 확립하기 위해서는 "현실적인 정치적 변혁이 불가피했을 것이"라고 [일본의 마르크스주의 역사학자] 하마바야시 마사오는 지적합니다. "홉스는 이 불가피한 과제를 파리 망명으로 회피하고는 혁명이 마침내 달성하려던 그 변혁을 멀리서 민감하게 감지하며 이론화했다. 이것은 혁명에 투신해 싸우지 않고 혁명의 성과만을 취하려 했던 부르주아지의 자세를 보여 준다."[23]

역설이게도 바로 이런 자세 때문에 홉스는 재빨리 "냉정한 현실 속 부르주아 사회" 최초의 철학자가 될 수 있었습니다. 자연상태의 인간에 대한 그의 이미지가 부르주아 사회의 실태를 날카롭게 직관한 것이었음은 물론이고, 그가 처음으로 내걸었던 사회계약설은 "시민사회"에 대한 부르주아 이데올로기의 원형이라는 역사적 의의를 지니게 됩니다.

3. 명예혁명 이후 영국 경험론: 관념론으로 바뀌다

영국 경험론의 역사적 의의: 긍정적 측면과 부정적 측면

베이컨에서 시작된 근대 영국 철학은 모든 지식의 근원이 경험에 있고 따라서 모든 것은 경험에서 출발해야 한다고 강조한 것이 특징입니다. 이 때문에 [유럽] 대륙의 합리론[이성주의]과 대비해 '경험론'이라고 불립니다. 이 경험론은 영국 유명론의 전통 위에서 성립된 것으로, 그 덕분에 영국이 "17세기 이후 모든 근대 유물론의 본가"가[24] 됐다는 점은 앞에서도 말했습니다. 동시에 이 유명론적 사고방식은 경험론을 유물론으로부터 멀어져 불가지론이나 관념론으로 이끄는 요소도 그 안에 숨기고 있었습니다. 이 점도 홉스를 다루며 이미 언급했습니다.

"과학은 어떤 면에서는 경험에 근거하지만, 그 외형의 다양성에 사로잡히거나 경험담만으로 끝난다면 그것은 학문이 아니다. 학문에서는 현실이나 현상의 배후에 있는 본질을 파악하는 것이 중요하다"고 [일본의 물리학자이자 과학사가인] 스기타 모토요시는 지적합니다.[25] "그러나 자칫하면 도그마에 빠진다. 본질과 도그마는 종이 한 장 차이기도 한데, 과학은 그 옛날 플라톤의 이데아나 중세의 신학과 형이상학 등의 도그마를 배제하면서 성장했고 그때 중요한 구실을 한 것이 경험론이었다." 이것이 경험론의 역사적 공적이었지만, "한편 경험론은 사물을 표면적으로 보며 인과관계를 파악하지 않는 약점이 있고, 법칙성을 '사유의 습관' 정도로 생각한다. 본질은 추상화를 통해 얻을 수 있는 것이고 직접 경험할 수 있는 게 아니라며 본질을 배제하려 든다면 학문에서 벗어나는 꼴이 된다."[26]

영국 경험론의 이후 행보는 바로 이 "벗어남"을 여실히 보여줬습니다. 이미 살펴봤듯이, 홉스의 철학은 불가지론의 요소를 내포하면서도 전체로서는 단호한 유물론의 주장이 관철돼 있었습니다. 그러나 명예혁명 시기가 되자 — 홉스는 명예혁명이 벌어지기 9년 전에 사망했습니다 — 영국 경험론의 유물론적 성격은 차츰 모호해졌고, 18세기에 들어서자 180도로 달라져 본격적인 불가지론·관념론으로 변모해 버렸습니다.

이제 그 변모 과정을 좇아가 봅시다.

본격적인 부르주아 이데올로기로서 로크의 사회계약설

명예혁명 시기 대표 사상가는 로크입니다. 로크는 정치사상 면에서는 홉스의 사회계약설을 이어받아 거기에 홉스와는 다른 의상을 입히면서, 홉스가 보여 준 저항권 사상을 혁명권 사상으로까지 발전시킨 인물입니다. 홉스와는 다른 의상을 사회계약설에 입혔다는 말은, 로크가 계약에 따른 "시민사회" 성립의 전제 조건인 인간의 자연 상태를 홉스와는 달리 목가적으로 봤다는 뜻입니다.

로크가 그린 자연 상태의 개인들은 서로 자유롭고 평등하며 각자 노동의 성과인 재산을 소유하고 평화롭게 노동에 전념합니다. 다만, 각자 근면함에는 차이가 있어서 차츰 재산 차이가 발생하고, 타인의 소유권을 범하려는 자가 생겨납니다. 그러나 자연 상태인 채로는 그것을 통제할 공통의 힘이 없으므로 여러 불편이 생깁니다. 그래서 사람들은 서로 계약을 맺어 하나의 협동체를 만들고 "시민 정부"를 만들어 낸다는 것입니다.

이것이 로크 사회계약설의 줄거리입니다.

다시 말해, 홉스가 인간의 자연 상태를 비참하다고 보고 그 비참함에서 벗어나기 위해 자연 상태의 대립물로서 인위적으로 만들어지는 것을 "시민사회"라고 했던 것과는 달리, 로크는 "시민사회"를 인간의 자연 상태가 가장 자연스럽게 발전한 결과로 규정하려 했습니다. 이런 견해는 자본주의를 인간의 자연 상태에 가장 적합한 사회 형태로 간주하려는 부르주아지의 지향을 반영한 것이며, 홉스 시대에 견줘 부르주아지의 자신감이 그만큼 커졌다는 것을 보여 주는 것이겠죠. 홉스가 개개인의 "생존권" 보장을 가장 근본적인 문제로 한결같이 강조한 것과 달리 로크는 "소유권"을 가장 중요한 것으로 전면에 부각시킨다는 점을 놓쳐서는 안 됩니다. 로크에 따르면, 소유권 보장이야말로 "시민 정부"의 최대 과제입니다. "인간이 결합해 국가를 만들고 통치에 복종하는 가장 주요한 목적은 소유권 보호"이고, "정치 권력은 소유권의 규제와 유지를 위해 사형을 포함한 모든 형벌을 수반하는 법을 제정할 권리"가 있다고 그가 쓴 것처럼 말이죠. 그러면서 그는 당연하다는 듯이 "내 말이 먹는 풀, **내 하인이 벤 풀**, 내가 캐낸 광석은 누구의 양도도 동의도 없이 내 소유물이 된다" (강조한 부분에 주목하세요)고 말하며 이 말을 전혀 수상쩍어 하지 않습니다.

부르주아적 상식의 철학

한마디로 말해 로크는 자기 자신의 정치 체제를 수립하는 데 성공한 부르주아지의 '코먼 센스common sense'(=상식. 단어 뜻 그대로는 '공통 감각')의 기초를 이론적으로 확립하려 했다고 할 수 있습니다. 마르크스는 "옛날 옛적에 한편에는 부지런하고 현명하고 절약하며 사는 사람이 있었고, 다른 한편에는 게으른 데다 가진 것을 모두 또는 그 이상을 탕진하며 사는 쓰레기 같은 사람이 있었다. … 한쪽 사람들은 부를 축적하고 다른 한쪽 사람들은 결국 자신의 가죽 말고는 팔 수 있는 게 없었다"는 식의 옛날 얘기를 부르주아지가 얼마나 좋아했는지를, 그리고 "일단 소유권 문제가 무대에 등장하자 이런 아동용 해설서의 견해를 모든 연령과 모든 발육 단계에 적합한 유일하고도 올바른 입장으로 유지하는 것이 신성한 의무가 된다"는 것을 지적합니다.[27] 이런 부르주아지의 코먼 센스, 즉 부르주아 이데올로기를 최초로 이론적으로 정식화하려 한 인물이 로크였습니다.

한편, 로크는 인간의 자연 상태를 홉스와는 다르게 묘사함으로써, 홉스가 말한 왕정이 아니라 국민 주권의 민주주의 정치 체제야말로 가장 적절한 국가 형태라고 규정할 수 있었습니다. 혁명권 주장도 여기에서 나온 것입니다. 로크의 이런 주장은 훗날 미국 독립혁명과 프랑스 혁명에서 지도적 이데올로기 구실을 하게 됩니다. 다만 여기서, 로크 자신의 혁명권 언급은 명예혁명 이후 그 혁명을 기정사실로 정당화하기 위한 것이었고, 또 국민 주권 주장도 로크 자신에게는 의회주의를 바탕으로 한 입헌군주제의 승인과 연결돼 있었음을 지적해야 할 것입니다. 이런 면에서도 로크는 명예혁명 시기 영국 부르주아지의 전형적인 이데올로그, 즉 [부르주아] 상식의 대변자였습니다.

좁은 의미의 철학 분야에서 볼 때도 로크의 견해는 부르주아 상식의 철학이라고 하기에 걸맞은 것이었습니다. "여러 형태의 신흥 부르주아지를 옹호"하고, 철학 저작에서는 "부르주아적 사고력이 인간의 정상적 사고력임을 증명"하려 했던 것이 로크 철학의 특징이라고 마르크스는 지적합니다.[28]

로크의 생득관념 부정

로크와 그를 잇는 18세기 영국 경험론 철학의 주장은 나쓰메 소세키가 《문학평론》에서 탁월하게 요약하고 비평하고 있으므로 되도록 이를 활용하면서 로크(와 그 후계자들)의 철학적 주장의 내용을 들여다보기로 하겠습니다.

"경험이라는 두 글자에 철저하게 중점을 두고, 마음은 무엇이든 경험으로부터 관념을 얻기 때문에 경험을 버리면 아무것도 논할 수 없다고까지 했다"(나쓰메 소세키). 이것이 로크 철학의 기조입니다. 물론 여기까지는 이미 베이컨이 강조하고 홉스가 더욱 체계화한 것과 다름없습니다. 그러나 베이컨과 홉스는 이를 자명한 논리로 강조하는 데 그쳤을 뿐, "그 이상 구체적으로 기초를 다지지 않았"습니다.[29] 로크의 새로움은 거기서 더 나아가 그 논리의 기초를 구축하려 한 데 있습니다.

그 시도에서 로크가 이룬 공적은 데카르트가 주창한 '생득관념'설을 뒤집은 데 있습니다. "로크는 먼저 경험으로 확인할 수 없는 관념, 또는 실제 사실과 일치하지 않는 관념을 철학계에서 몰아내는 것에서 출발했다. 철학계를 살펴보면 본유관념[=생득관념 — 지은이]이라는 정체불명의 것이 있다. 그리고 철학은 이 본유관념이라는 오류 위에 세워져 있었다. 로크는 맨 먼저 이것을 공격"(나쓰메 소세키)했다고 요약할 수 있습니다.

모든 지식은 관념의 복합이고 모든 관념은 마치 백지 위에 외부로부터 글자가 쓰이듯이, 경험을 통해 얻을 수 있는 감각을 바탕으로 여기에 마음의 능동적인 작용인 성찰을 더해서 만들어진다고 로크는 주장합니다. 신이라는 관념도 예외가 아니며, 경험의 산물인 여러 관념에 성찰의 작용을 더해 그것을 확대하거나 결합해서 만들어지는 것이라고요. 그렇다고 로크가 신의 존재 자체를 부정한 것은 아닙니다. '건전한 상식'을 갖춘 영국 신사로서 그는 신의 존재를 인정하고 믿었습니다. 그러나 그 신앙은 칼뱅파의 광신과는 이미 거리가 먼 것이었습니다. "광신은 이성을 내다버리고 … 근거 없는 수많은 상상을 머릿속에 만들어내고 사고와 행위의 기초에 상상을 놓으려 한다"고 로크는 썼습니다. 이것은 나름으로 '건전한 상식'의 건전한 측면을 분명히 보여 줍니다. "로크는 양식(봉상스bon sens)[코먼 센스의 프랑스어식 표현 — 지은이]의 철학, 즉 건전한 인간 오성[코먼 센스의 독일어식 표현 — 지은이] 철학의 기초를 세웠다. 즉, 에둘러 말한 것이긴 한데, 건전한 인간의 감각과 이에 기초한 오성을 떠나서는 철학은 철학이 아니게 된다고 주장한 것이다."[30] 이런 마르크스의 평가처럼, 로크는 이 "건전한 인간 오성"의 입장에서 일체의 생득관념을, 심지어 신神이라는 생득관념조차 감히 거부하고, "설령 인류가 도처에서 신 관념을 가지고 있었다고 해도 신이라는 관념이 생득적[선천적]인 것은 아니"라고 단언했습니다.

로크 경험론의 철학적 모호함

"영국인은 세계에서 종교 냄새를 가장 많이 풍기는 국민이면서도 가장 비종교적인 국민이기도 하다. 그들은 다른 어느 국민보다 저세상 일에 괴로워하면서도 이 세상이 전부인 양 살고 있다. 그들은 천국을 우러러보지만, 이것이 '돈을 못 버는 것이야말로 지옥'이라는 그들의 강한 믿음을 조금치도 방해하지는 않는다"고 엥겔스는 지적합니다.[31] 물론, 여기서 "영국인"이라 함은 영국 부르주아지를 말합니다. "경험에서 유일한 구원 수단을 구해야만" 했던 처지는 바로 이런 영국 부르주아지의 특성에서 유래한 것이라고 엥겔스는 지적하는데,[32] 바로 로크의 철학이 이런 영국 부르주아지의 특성을 철학적으로 가감 없이 표현한 것이었습니다.

그런 이유로 로크의 철학에는 짙은 유물론적 색채와 함께, 관념론적이거나 불가지론적인 모호함도 공존하고 있었습니다. 한편으로는 인간의 의식으로부터 독립된 '물物의 존재'를 당연한 전제로 두고 논하면서, 다른 한편으로는 인간 지식의 대상이 될 수 있는 것은 관념과 관념 간의 관계뿐이라고 논하는 식이었습니다. 이를 두고 나쓰메 소세키는 "어쩐지 괴상한 소리를 한다"고 딱 잘라 말합니다.

'조심스러운 유물론'으로서 이신론

로크의 경험론에서 유물론적 요소를 발전시킨 것은 '자유사상가'라고 불린 사람들로, 이신론理神論에 근거해 기성 종교를 비판했습니다. 이신론은 '자연신교'로도 번역됩니다. 신의 존재를 긍정하고 세계 창조를 승인하지만, 그 신은 자신의 의지로 세계를 지배하는 인격적 존재가 아니며 따라서 신에 의해 창조된 이후의 세계는 인간 이성이 파악할 수 있는 자체 법칙에 따라 운동한다고 여기며, 기적 같은 신의 개입을 인정하지 않습니다.

"자연신교를 주장하는 사람들의 다수는 이른바 자유사상가였고, 홉스류에서 발전해 온 유물론자로 보인다"고 나쓰메 소세키는 말합니다. 이처럼, 이신론적 색채는 이미 홉스의 유물론에서도 나타나고 있었습니다. 홉스는 사실 무신론자였지만 무신론을 공공연하게 주장하지는 않았습니다. 그는 인간이 "신에 대한 어떤 관념도 마음속에 그려 낼 수 없다"면서도, "이 세계의 눈에 보이는 것과 그것의 감탄할 만한 질서로부터 그것의 원인, 즉 사람들이 신이라고 부르는 것이 존재한다고 생각해 낼 수 있다"고 말했습니다. '무신론자'라는 낙인이 정신적·사회적 사형선고와도 같았던 당시 사정을 감안하면, 이런 형태의 주장이 나타난 이유를 쉽게 이해할 수 있을 것입니다. 다시 말해, 이신론은 조심스러운 또는 엉거주춤한 유물론과 다름없으며, 이신론자들은 사실상 유물론자였습니다. "이신론은 적어도 이들 유물론자에게는 종교로부터 벗어나기 위한 우회적이고 손쉬운 길이었을 뿐이다"[33] 하고 마르크스가 썼듯이 말입니다.

그러니, 이신론자들 가운데 본격적인 무신론의 코앞까지 나아간 사람이 있었다 해도 이상할 게 없습니다. 대표적 인물로는 존 톨랜드(1670~1722년)가 있습니다. 그도 이신론의 틀을 완전히 벗어던지지는 못했습니다. 그러나 우주에는 오직 운동을 기본 속성으로 하는 물질이 있을 뿐이며, 종교는 정치적으로 사람들을 "영구적 노예 상태"에 두는 구실을 한다는 것이 그의 기본 사상입니다. 즉, 이신론의 틀을 사실상 거의 무용지물로 만드는 데까지 유물론을 대단히 발전시킨 것입니다.

바클리 주교의 등장

여기에 "신을 모독하는 불경한 무리들"의 진출을 깊이 개탄하며 철학적으로 그 숨통을 끊어 놓겠다는 사명감에 불타 등장한 사람이 있었으니, 경건한 영국 국교회 신도 집안에서 태어나 평생 직업 성직자로 산 조지 바클리(1685~1753년)입니다.

"아무튼 정의의 일전一戰, 이런 사악한 싹을 지상에서 쓸어버리는 것이야말로 신에 대한 크나큰 봉사"라고 외치며 풍차로 돌진한 돈키호테가 있습니다. 돈키호테의 눈에는 풍차가 사악한 거인으로 비쳤죠. 바클리가 돌진한 대상은 그 자신의 표현을 빌리면 "물질적 세계가 존재한다는 근거도 없고 유해한 학설"이었습니다. 그 돌진은 분명히 플라톤이 말한 "신들과 거인의 투쟁"의 뒤를 잇는 것이었습니다.

"모든 시대의 무신론자"에게 "친근한 벗"이었던 것, 그것은 물질이라는 놈이다 하고 바클리는 생각했습니다: "무신론과 무종교가 신을 모독하는 논의는 모두" 물질세계의 존재를 대전제로 한다. 그렇다면 이 물질이라는 놈을 해치우면, 그리고 물질세계 따위는 실재하지 않는다는 것을 분명히 하면 "종교의 적들"이 하는 주장은 모두 단숨에 사라질 것이다. 이렇게 할 때만 "사악한 싹을 지상에서 쓸어버"릴 수 있고, "신에 대한 크나큰 봉사"를 수행할 수 있다!

이렇게 해서 바클리 주교의 "정의의 일전"이 시작됐습니다.

바클리 주교의 "정의의 일전"

"집, 산, 강 등 한마디로 말해 감각으로 느끼는 물체가 모두 … 자연적, 실재적으로 존재한다는 견해"가 "기묘하게도 사람들 사이에 널리 퍼져 있다"고 바클리는 쓰기 시작합니다: 하지만 잘 생각해 보라. 그것은 완전히 근거 없는 독단이다. 가령 지금 당신의 눈에 집, 산, 강 등의 풍경이 보인다고 치자. 당신은 그 풍경들이 당신의 의식으로부터 독립해 "자연적, 실재적"으로 존재하는 것이라고 믿는다. 그러나 사실 지금 당신에게 확실한 것은 일정한 색이나 형태 등등 감각의 다발이 당신의 의식 속에 나타나고 있다는 것뿐이지 않은가.

"그 또한 각자의 마음에 비친 하나의 풍경입니다"(미야자와 겐지, 《봄과 수라》의 서시).

그런 셈이지 않은가. 눈을 감으면 그 감각들은 사라진다. 그래도 그 풍경들이 객관적으로 실재한다는 따위의 말을 어떻게 할 수 있는가? 그런 증명은 불가능하다. 존재한다는 것은 지각된다는 것. 지각을 벗어난 존재는 없다. 실재하는 것은 감각, 지각, 마음, 오직 그뿐. 물질적 외부 세계 따위는 존재하지 않는다. 이걸로 유물론은 분쇄된다.

이것은 경험론을 주관적 관념론의 방향으로 철저히 밀고 나간 결과입니다. 그런데 이렇게 되면, 그야말로 정말 "기묘"한 일이 벌어지게 됩니다. 이 논법대로 밀고 나가면, 세상에는 '내 마음'

말고는 아무것도, 타인의 육체는커녕 타인의 마음도, 아니 그보다 가장 중요한 신조차도 존재하지 않는다는 결론이 되니까요.

[그래서 바클리는 다음과 같이 나아갑니다:] 이것은 두려운 일, 대단히 두려운 일이다! 이것은 의도했던 바와 다르고, 하마터면 '신성모독'이다. 게다가 이리되면 내가 유물론자에게 덤비는 것도 결국은 내가 내 자신의 마음에 덤비는 꼴이지 않은가. 이건 곤란하다, 대단히 곤란하다! 어떻게 해서든 다시, 또 다른 변명이 필요하다. 그래, 우선, 내가 느끼는 것은 "어느 정도는 모두에게 공통" 된다고 하자. 즉, "모두가 동시에 느끼는 것"이고 "공통으로 느끼는"* 것이라고 하고, 이런 공통의 감각을 다수의 마음속에 동시에 불러일으키는 원인이 바로 신의 정신이라고 자리매김하면 되겠다. 그리하여 객관적 관념론으로 게걸음 쳐서 가까스로 세이프. 해피 엔딩.

이것이 바클리가 벌인 "정의의 일전"의 줄거리입니다. 나쓰메 소세키가 [바클리의 생각을] 요약한 말을 소개하자면 이렇습니다. "관념이야말로 실재다. 물질이야말로 털끝만큼도 실재를 갖지 않는다. 외부 세계의 실재라고 일컬어지는 것은 바로 이 관념이 일정한 방법으로 동시에 일어나거나 연속되는 것을 의미한다. 그리고 이 방법의 원인은 신이다."[34]

---

* 이 표현들은 앞서 본 미야자와 겐지의 시에서 차용한 것입니다.

하나의 일화

풍차로 돌진했던 돈키호테는 "타고 있던 말과 함께 날아가 비참한 몰골로 들판 저 멀리 나뒹굴었"는데, 바클리는 어떻게 됐을까요? 여기서 재미난 일화 하나를 소개하겠습니다.

바클리는 67세가 되던 해 어느 일요일 오후 가족과 함께 차를 마시고 있었는데, 가족들이 알아챘을 때 그는 이미 소파에 기댄 채 싸늘하게 식어 있었습니다. 그의 제자는 스승의 철학을 충실히 따라 "오감의 세계는 돌연 그의 정신과 남겨진 사람들의 정신을 연결하는 매개 역할을 중단했다"고 그의 죽음을 기록했습니다. 그런데 바클리는 생전에 기묘한 유언장을 남겼습니다. 유언장에는 "내 육체를 매장하기 전에 설사 악취를 풍기더라도 5일 이상 지상에 머물게 할 것. 그리고 그동안은 씻기지도 옮기지도 말고 같은 침대 위에 같은 이불을 덮은 채 머리는 베개 위에 두고 눕혀 둘 것"이라고 쓰여 있었습니다. 왜 이런 유언을 남겼는지, 그것이 그의 철학적 주장과 어떻게 어울리는지 전혀 알 수 없지만, 얄궂게도 그는 침대가 아니라 소파 위에서 숨을 거뒀기 때문에 그 유언을 누구도, 심지어 신조차도 충실히 이행할 수 없었다고 합니다.

흄의 불가지론

그런데 영국 부르주아지의 '상식'으로는 마치 톨랜드식 유물론을 받아들이기 어려웠던 것처럼, 그 대립물인 바클리의 철학도 그 의도는 높이 살지언정 역시나 있는 그대로 받아들일 수는 없었습니다. 바클리의 뒤를 이어 "세상에서 가장 종교적이면서도 가장 비종교적인" 영국 부르주아지의 철학적 대변자로 등장한 인물이 데이비드 흄(1711~1776년)입니다.

흄은 바클리와 달리 불가지론의 입장을 취했습니다. 외부 세계의 존재에 대한 그의 주장은 다음과 같습니다: 곧, 우리의 지식이 모두 감각 기관에서 발생하는 인상과 그로부터 만들어지는 관념으로 이뤄진 이상, 우리가 알 수 있는 것은 어디까지나 인상과 관념, 그뿐이다. 그 바깥으로는 나갈 수 없다. 우리는 결국 인상에 대해 말할 뿐이지 그 바깥에 있는 '사물'에 대해 말할 수는 없다. 그 인상과 관념이 의식 바깥에 있는 무언가를 올바로 반영하고 있는지 알 길이 없고, 처음부터 그 무언가가 의식 바깥에 실재하는지조차 알 수 없다.[35]

그런데 확실한 것은 인상과 관념뿐이라는 이 견해를 끝까지 밀고 나가면 사물뿐 아니라 일체의 실체도, 곧 마음도 신도 인정하기가 불가능해집니다. [나쓰메 소세키는 흄의 불가지론에 대해 다음과 같이 말합니다.]

> 흄의 주장에 따르면, 우리가 평생 '나'라고 부르는 실체는 마치 환영과도 같은 것이고, 결코 실재하는 게 아니다. 우리가 아는 것은

그저 인상과 관념의 연속에 불과하다. 다만, 같은 종류의 인상이나 관념이 몇 번이고 반복되므로 수련의 결과로서 이 복잡하고 말썽 많은 것들을 정리하기 위해 마침내 혼연일체의 경지에 도달하게 되는 것이다[단일성과 동일성을 가진 마음이라는 게 있는 것처럼 다시 생각하게 된다 — 지은이]. 따라서 마음은 그 자체로 하나의 실체로서 특별히 존재하는 게 아니라는 것이 흄의 주장 가운데 하나다. 다음으로, 인과라는 관념도 습관의 산물로 출현하는 것에 불과하다. 우리는 여기서 갑甲이라는 인상을 받는다. 다음으로 을乙이라는 인상을 받는다. 이리하여 갑과 을이 수반하는 인상을 몇 번이고 동일한 순서로 경험하다 보면, 갑의 인상을 받자마자 습관의 결과로 자연스레 을의 인상을 기대하게 되는 것이 자연의 도리[자연스러운 결과 — 지은이]다. 이처럼 인과라는 관념은 습관에서 비롯한 것이므로, 만약 이를 응용한다 해도 그것은 그 습관을 이루는 경험의 범위 안에 제한되는 게 당연한 얘기다. 경험적으로 주어진[이미 알려진 — 지은이] 재료로부터 출발해 함부로 경험의 영역 밖으로 벗어나 초월적[경험을 초월한 — 지은이] 논의로 쓸데없이 옮겨 가서는 절대로 안 된다. 따라서 신이니 불멸이니를 입에 담아서도 안 된다. 이것이 세상 사람들이 흄을 회의주의자라고 부르는 이유다.

흄 철학의 계급적 관점

그렇다고 해서 흄이 무신론을 주장한다는 말은 아닙니다. 그가 말하는 것은 이렇습니다. "신의 존재 여부를 우리는 알 수 없다. 설사 실재한다 해도 그 신과 우리 사이의 의사소통은 일절 불가능하다. 따라서 우리는 마치 신이 실재하지 않는 양 우리의 실제 삶을 영위해야 한다. 정신이 과연 육체와 별개이고 불멸인지 우리는 알 수 없다. 따라서 우리는 마치 현세의 삶이 우리의 유일한 삶인 양 살고, 우리의 이해를 초월하는 일은 고민하지 않는다."[36] 이런 의미에서 "흄의 회의론은 영국의 모든 비종교적인 철학적 사고의 형태"를[37] 만들어 냈습니다. 흄의 철학은, 유물론은 참을 수 없지만 그렇다고 바클리식으로 신을 내세울 만큼 무분별할 수도 없었던 영국 부르주아지에게 딱 맞는 것이었습니다. 나쓰메 소세키는 18세기 영국 사회에서 "세상은 다 이런 거라며 중도에 묘하게 깨달은 듯한 … 근본적인 것은 몰라도 된다는 듯 하는 … 함부로 어떤 일에 열중하는 것을 경멸하는 듯한" 풍조가 "충만"했다고 지적하고는, 이런 풍조의 철학적 표현이 흄의 회의주의였다고 말합니다. 나쓰메 소세키의 지적은 당시 영국 부르주아지(또는 부르주아화한 지주 귀족)의 의식 상태를 정확히 포착한 것이라고 할 수 있습니다.

또한 그것은 흄 자신의 정치적 입장이기도 했습니다. 흄은 피지배자들의 혁명 권리까지 승인하는 로크의 사회계약설에 반대하며 군주제를 최선으로 여기는 보수적 정치 신조의 신봉자였고, 그 신조를 영국 자본주의 발전기의 부르주아적 자유주의의 요구들과 화해시키려 노력했습니다. 그의 이런 계급적 관점은, 종교에 대한 회의주의는 "교양 있는 계급"의 것이지 "무지한 대중"에게는 종교가 필요하고 유용하다고 본 데서 단적으로 표명됐습니다.*

4. 프랑스 혁명과 계몽주의

프랑스 부르주아지는 영국 경험론에서 혁명의 무기를 단련했다

근대 유물론을 최초로 적극적으로 표현했던 영국의 경험론은 앞서 살펴봤듯이 본고장 영국에서는 관념론으로 미끄러져 버렸습니다. 그러나 영국 경험론 본연의 유물론적 전통은 도버해협을 건너 프랑스로 계승됐고 그곳에서 전투적으로 발전하면서 프랑스 혁명의 사상적 기틀을 마련하게 됩니다.

이것은 프랑스 부르주아지가 영국 부르주아지보다 늦게, 그러나 영국 부르주아지보다 훨씬 전투적으로 봉건 지배에 맞서 싸운 사실과 관련 있습니다. 프랑스 혁명은 영국 혁명보다 150년

---

* 이런 생각은 이미 홉스에게서도 볼 수 있었습니다. 홉스는 종교를 "무지"와 "공포"의 산물이라고 보면서도 피지배자들을 지배하기 위한 종교의 유용성을 인정하고, 종교는 "환자에게 유익한 알약과 같아 통째로 삼켜야만 효과가 있다. 그러나 씹어 으깨면 대부분 효과를 못 보고 토해 내 버린다"고 했습니다.

정도 늦게 일어났습니다. 그러나 "종교적 외피를 완전히 벗어 버리고 노골적으로 정치 영역에서 마지막까지 싸웠다"는 점에서도, "교전의 한쪽 편인 귀족이 멸망하고 상대편인 부르주아지가 완전히 승리할 때까지 멈추지 않고 싸웠다"는 점에서도 영국 혁명과 대조적이고 두드러진 특징을 보였습니다.[38]

프랑스의 18세기는 종종 '계몽의 세기'라고 불립니다. '계몽'이란 이성의 빛을 높이 들어 암흑의 지배를 극복한다는 뜻입니다. 프랑스 부르주아지는 다가올 혁명을 향해 사람들의 머리를 계몽할 사상의 무기를 영국 경험론 속에서 단련했습니다.

18세기 영국에서는 이미 사회의 부르주아적 개혁이 진행되고 있었지만, 프랑스는 아직 절대주의 전제의 암흑 속에 있었습니다. 프랑스의 급진적 지식인들에게는 부르주아적으로 개혁된 영국 사회의 현실을 인정하고 반영한 영국의 철학 사상이 바로 자신들의 미래를 밝혀 주는 빛이었습니다. 그들은 그 철학을 탐하듯 흡수하고, 그것으로 절대주의라는 암흑과 싸우며, 투쟁 속에서 그것을 순수하고 철저하게 만들어 갔습니다.

계몽주의의 17세기 선구자들

물론 프랑스에서도 이미 그 나름의 사상적 지반이 마련돼 있었으므로 이런 식으로 영국 사상을 받아들일 수 있었습니다. 17세기 프랑스에는 자유사상가(리베르탱)라고 불린 급진적 사상가들이 활동하고 있었습니다. 그 대표적 인물로 피에르 벨(1647~1706년)을 꼽을 수 있습니다. 그는 회의론을 무기로 한 비판의 화살을, 종교적·신학적 도그마와 그와 연결된 이성주의의 입장에 섰던 기존 철학 체계들에 겨눴습니다. 그렇게 그는 "유물론과 건전한 인간 오성의 철학이 프랑스에서 받아들여질 준비"를 시켰다고 마르크스는 지적합니다.[39] 그뿐 아니라 "벨은 무신론자들만의 사회가 존재한다는 것, 무신론자가 존경받는 사람일 수 있다는 것, 인간의 품위를 떨어트리는 것은 무신론이 아니라 미신과 우상숭배라는 것을 증명함으로써, 머지않아 반드시 존재하게 될 무신론적 사회를 예고"했습니다.[40]

벨보다 조금 늦게, 그러나 벨보다 더 발전된 분명한 유물론, 무신론에까지 도달한 사람은 장 멜리에(1664~1729년)입니다. 그는 농촌의 사제였는데, 농민의 비참한 삶을 접하면서 종교가 백성을 지배하는 수단에 불과하다는 것을 깨닫게 됩니다. 그 속에서 그는 일종의 공상적 사회주의 사상을 갖기에 이릅니다. 다만, 그는 자신의 사상을 생전에 공개하지 못하고 사후에 《유언장》이라는 형식으로 남길 수 있었을 뿐입니다. 어쨌든 18세기 프랑스 계몽주의는 이런 자유사상가들의 투쟁이라는 전통 속에서 발전할 수 있었습니다.

무엇보다, 벨에서 볼 수 있듯이 17세기 자유사상가들의 투쟁은 오로지 낡은 사상의 기초를 파괴하고 그 신뢰성을 무너트리는 것을 주요 과제로 삼았을 뿐이고, 낡은 사상을 대체할 새로운 이론 체계를 적극적으로 구축하는 데는 이르지 못했습니다. 멜리에도 그의 사후에 사람들의 손에서 손으로 필사돼 퍼져나간 그의 《유언장》에 새로운 사상을 등장시켰지만, 그것은 충분히 체계화된 이론으로 다듬어지지는 못했고, 초기적 형태에 머물렀습니다.

이때 해협 저편에서 로크의 철학이 찾아온 것입니다. 그래서 그것은 "애타게 기다리던 손님이 찾아온 것처럼 열광적인 환영을 받았다"고 마르크스는 지적합니다.[41]

'계몽주의의 세기'를 열어젖힌 볼테르

로크의 철학을 프랑스로 들여와 그것에 "재치를, 피와 살을, 감동을 주는"[42] 데서 큰 역할을 한 인물이 볼테르(1694~1778년)입니다. 18세기 프랑스 계몽주의는 볼테르에서 시작됩니다.

볼테르는 다재다능한 인물로, 《철학 서한》과 《철학 사전》 등 직접적으로 철학을 주제로 한 저작 외에도 시·희곡·소설·역사·평론 등 다양한 분야에서 방대한 작품을 남겼습니다. 그의 작품은 모두 야유와 풍자를 한껏 살리면서 '웃으며 진리를 말하는' 경쾌하고 절묘한 필치로 계몽주의 정신을 고취했습니다. 아니, 문학과 철학을 구분하는 것은 애당초 볼테르의 방식이 아니었습니다. 그에게는 모든 집필 활동이 자신의 철학을 표현하는 형식이었고, 철학에 대해 직접 말할 때도 그 어법은 보통의 의미로 조금도 '철학적'이지 않았습니다. 예컨대, 《철학 사전》만* 보더라도 그 내용은 제목에서 연상되는 것과는 많이 다릅니다.

가령 '아름다움'이라는 항목을 찾아봅시다. 거기에는 다음과 같이 쓰여 있습니다.

> 두꺼비에게 아름다움, 위대한 아름다움, '아름다움 자체'가 무엇인지 물어보라. 그는 답할 것이다. 아름다움은 작은 머리에서 솟아난 두 개의 둥글고 커다란 눈, 넓적하고 커다란 입, 노란 배, 갈색 등을 가진 암컷 두꺼비라고.
>
> 그런데 철학자에게 같은 물음을 던지면 그는 "알아들을 수 없는 말"로 답한다. 아무래도 그들은 아름다움의 원형과 일치하는 무언가가 필요한 모양이다.
>
> 어느 날 나는 한 철학자와 함께 비극을 관람하고 있었다. "정말 아름답군요" 하고 그가 말했다. "무엇이 아름답다고 생각하세요?" 하고 내가 묻자 그는 "작가가 자신의 목적에 도달한 것 말입니다" 하고 대답했다. 다음 날 그가 먹은 약이 잘 들었다기에 나는 말했다. "약이 목적을 달성했군요, 아름다운 약이네요" 하고.
>
> 그러자 그는 감탄과 환희의 감정을 끌어낼 수 있는 것이야말로 아

---

* 국역: 《불온한 철학사전》, 민음사, 2015 — 옮긴이.

름다움이라고 고쳐 말했다. 그런데 영국을 여행해 보니 같은 연극을 관람하던 관객들이 모두 하품한다는 것을 알게 됐다.

그는 많은 반성을 보탠 끝에, 일본에서의 고상함이 로마에서는 무례함이고, 파리에서 유행하는 게 베이징에서는 유행하지 않는 것처럼 아름다움은 지극히 상대적이라는 결론을 내렸다. 그래서 그는 아름다움에 대한 장문의 논문을 완성하려던 수고를 스스로 그만둬 버렸다.

이것이 맺음말입니다. 볼테르의 표현 방식과 그 방식에 깃든 비판적 정신의 특징을 잘 볼 수 있지요?

그런 방식으로 볼테르는 비판의 화살을 특히 종교적 도그마와 불관용에 겨눴습니다. 어느 작품에서 그는 주인공에게 다음과 같이 말하게 합니다. "내가 만약 갠지스 강가에 살았다면 가짜 신들의 노예였을 것이고, 파리에 살았다면 그리스도교 신자였을 것이고, 그리고 이 땅에서는 이슬람 신자입니다."

"파렴치한을 매장하라!" 이것이 볼테르의 투쟁 구호였습니다. 여기서 "파렴치한"은 권력과 한몸이 돼 사람들의 이성의 눈을 속이며 제 잇속만 챙기는 데 몰두하던 교회와 성직자들을 말합니다. 하지만 볼테르 자신은 무신론자는 아니었고 이신론에 머물러 있었습니다. "만약 신이 존재하지 않는다면 신을 발명해야 할 것"이라며, 그러지 않고는 사회 질서를 유지할 수 없기 때문이라고 했습니다.

그러나 당시 볼테르의 영향을 받으며 성장하고 분명히 "철학자"(필로소프)라 불린 급진적 사상가들은 볼테르를 극복하고 분명한 유물론, 무신론으로 나아갔습니다.

5. 프랑스 유물론

프랑스 유물론과 《백과전서》

프랑스 유물론의 대표자로는 라메트리(1709~1751년), 엘베시우스(1715~1771년), 디드로(1713~1784년), 돌바크(1723~1789년) 등을 들 수 있습니다. 라메트리를 제외하면 그들의 주요 활동 무대는 1750년대 이후, 프랑스 혁명 전야로 곧장 연결되는 시기였습니다. "나는 개성이 없는 사람을 참을 수 없다"는 디드로의 말에서 알 수 있듯이 그들은 각자 개성이 넘치는 활동을 했지만 동시에 그들의 활동은 자연스레 하나의 집단을 형성하고 있었습니다.

그 중심이 디드로가 편집한 《백과전서》의 발간입니다. 그래서 이 집단을 '백과전서파'라고 부르기도 합니다. "프랑스 유물론자들은 자신들의 비판을 종교적 믿음 문제로만 한정하지 않고 자신들이 찾아낸 모든 학문적 전통이나 정치 제도로 확장했다. 그리고 자신들의 학설을 보편적으로 적용할 수 있다는 것을 증명하기 위해 가장 빠른 길을 택하고, 자신들의 학설을 그 이름의 유래가 된 거대한 저작 《백과전서》에서 대담하게 모든 지식 대상에 적용했다"고 엥겔스는 말합니다.[43]

《백과전서》 출판은 그 자체로 투쟁이었습니다. 그 투쟁은 제1권이 출판된 1751년 이후 출판 금지와 디드로의 체포 등 당국의 온갖 핍박에 저항하면서 끈질기게 이어졌습니다. 최종 권은 1780년에 발간됐는데, 실로 30년에 걸친 대사업이었습니다.

특히 주목해야 할 점은 이 《백과전서》가 유물론자뿐 아니라 이신론자를 포함한 당시의 진보적 사상가와 과학자를 모두 집필진으로 폭넓게 결집시켰다는 것입니다. 이 때문에 《백과전서》는 당시 이성과 진보를 위한 연대 조직으로서 거대한 힘이 있었고, 그 중심이자 조직자가 다름 아닌 유물론자들이었습니다.

탄압 속에서

그러니 그들의 저작은 종종 "국경을 넘어 네덜란드나 영국에서 인쇄돼" 비밀리에 프랑스로 들여와야 했고, "그들 자신은 언제 바스티유 교도소에 수감될지 모를 위험에 처해 있을" 수밖에 없었습니다.[44] 볼테르는 이미 그런 일을 겪었지만, 라메트리도 마찬가지였습니다. 라메트리가 처음 쓴 철학 저작인 《영혼론》은 네덜란드에서 출판됐는데, 이미 고인이 된 아무개 씨가 어느 영국인의 저작을 프랑스어로 번역한 책이라고 매우 공들여서 위장해야 했습니다. 그러나 곧 경건한 무리들이 냄새를 맡고는 극도로 분노했고, 라메트리의 책은 광장에서 검열관의 손에 불탔습니다. 그 뒤 라메트리는 죽을 때까지 타국에서 망명 생활을 해야 했습니다.

라메트리는 그런 비난에 답하며 이렇게 말했습니다: 진리를 말하는 것이 어째서 비난받아야 하는가? 당신들은 그것이 "사회 관습"을 해친다고 말하지만, "이런 불평을 지지하는 것은 땅바닥에 엎드려 기겠다는 것이고 인류를 타락시키려는 것이다. 파헤쳐 백일하에 드러내기보다 영원히 자연의 품에 묻어 두는 편이 나은 그런 진리가 있다고 생각하는 것은 미신과 만행을 옹호하는 것이다." 그러니 "공화국 국민다운 자랑스런 독립불기의 기개를 보여야지 않겠는가!" 지금 "정치는 그 전도자들에게 둘러싸여 거리 곳곳에서 큰소리로 외쳐 대고, 연단에 오르고, 지붕 위까지 올라갈 기세"이지만, 그 논법은 "무작정 덮어놓고 정체 모를 권위에 복종하라"는 것에 그친다. 그러나 "철학은 딸이 어머니를 따르듯 자연스럽게 따르는" 것이고 "여타의 종속 관계를 모르며 여타의 소리에 귀 기울이지 않는" 것이다. "신성한 눈가리개를 하고 나타나는" 것을 믿지 말라. 그것은 "법률이나 부패한 관리들처럼 그 기원을 정치에 둔" 것이다.

프랑스 유물론의 휴머니즘

이것은 전투적 휴머니즘의 드높은 선언이었습니다. "우리는 더욱 인간다워질수록 더욱 행복하다고 느낄 것"이라고 라메트리는 썼습니다.

디드로도 "인류의 행복을 생각하자"고 썼습니다: "인간이야말로 모든 것이 출발하고 모든 것이 되돌아오는 유일한 목표다." 그러기 위해 필요한 것은 무엇인가? "존재하는 모든 것은 자연을 거역할 수도 자연 밖으로 나갈 수도 없다." 그러니 자연으로 눈을 돌려 과학에 신뢰를 보내라. "형이상학적·신학적 잠꼬대" 일체를 뿌리쳐라. "오직 하나의 덕목은 정의요, 오직 하나의 의무는 행복해지는 것이다."

"고집스럽게 하늘을 우러러보기만 해서는 사람들은 땅 위를 손으로 더듬으며 나아갈 수밖에 없다"고 엘베시우스는 말합니다. 돌바크도 호소합니다: "국민 교육을 담당하는 사람들이 그 눈을 하늘로 돌린 이후 제법 많은 시간이 흘렀다. 자, 이제는 그 눈을 지상으로 되돌려 보자." "무지와 예속은 인간을 심술궂고 불행하게 만든다." 그러니 "인간이 견실한 발걸음으로 생명의 길을 나아가려는 것을 방해하는 구름을 걷어 내도록 노력하자. 용기와 이성에 대한 존경을 인간에게 불어넣자." 그럴 때만 "신의 뜻이라는 구실 아래 지상이라는 무대에서 이렇게나 자주 행해지는, 질리지도 않는 증오나 야만스런 박해나 끊임없는 살육이나 마땅히

피해야 할 비극"에서 인간은 해방될 것이다.

이렇게 해서 레닌이 지적한 바와 같이, "모든 중세적 잡동사니에 반대하고, 농노제라는 체제와 농노주의라는 사상에 반대하는 단호한 투쟁이 불타오른 18세기 말 프랑스에서 유물론은 자연과학의 모든 학설에 충실하고 미신과 우상숭배 등을 적대하는 단 하나의 일관된 철학"임을 몸소 드러냈습니다.[45]

프랑스 유물론의 기계론적 특징: '인간 기계'론

다만, 당시 그들이 근거할 수 있었던 자연과학적 재료는 아직 극히 제한적이었습니다. 요컨대, "딱딱한 물체의 역학 … 의 주요 법칙들은 궁극적으로 해명"됐고, "태양계의 천문학에서는 케플러가 행성 운동의 법칙들을 발견했고, 이어서 뉴턴이 그것을 보편적 운동 법칙이라는 관점에서 파악"하는 데까지 나아갔지만, "그 이후의 자연과학 분야들은 그런 잠정적 완결에조차 훨씬 못 미치고 있었"습니다.[46] "광학을 제외하면 본래의 물리학은 아직 최초 단계도 벗어나지 못했다. … 화학은 … 이제 비로소 연금술로부터 해방됐다. 지질학은 아직 광물학의 시초 이상으로 나아가지 못했다. 따라서 고생물학이 존재할 여지는 아예 없었다. 마지막으로, 생물학 영역에서는 사람들이 본질적으로는 아직 방대한 재료 수집과 최초의 선별 … 에 종사하고 있었다."[47]

당시 자연과학의 수준 때문에 프랑스 유물론에는 일종의 협소함이 새겨질 수밖에 없었습니다. 그 협소함이란 그 유물론이 "대체로 기계론적이었다"는[48] 것입니다. "기계론적"이라는 말은 단지 기계를 모형으로 생각한다는 것, 화학이나 생물학이나 생리학의 대상까지도 단지 역학의 법칙을 따른다고 결론지어 버린다는 뜻입니다. 다시 말하면, "당시에는 모든 자연과학 가운데 오직 역학만이, 그것도 천체의 역학과 지구상 강체剛體의 역학만이, 요컨대 중력 역학만이 어느 정도 완성됐"을 뿐이므로 이런 협소함은 "당시로서는 불가피한"[49] 일이었습니다.

이런 기계론적 특징을 대표적으로 보여 주는 책이 라메트리의 《인간 기계론》입니다. "인간은 지극히 복잡한 기계다," "인체는 스스로 태엽을 감는 기계이며 영속적 운동의 살아 있는 견본이다. 열이 소모한 것을 음식물이 보충한다. 음식물이 결여되면 영혼은 쇠약해지고 짜증을 내며 힘이 다해 죽는다"고 그는 썼습니다. 두말할 것도 없이 이런 관점은 동물은 물론이고 인간의 몸까지도 일종의 기계로 간주했던 데카르트 사상의 영향을 받으면서 그것을 철저하게 유물론적으로 발전시키려 한 것이었습니다.

오늘날로 보자면, 이런 생각은 도저히 과학적 비판을 견딜 수 없는 난폭한 주장인 데다 인간의 품위를 떨어트리는 것으로 보입니다. 그러나 당시로서는 있는 힘껏 과학적이기 위해 애쓴 결과였고, 인간은 천사와 야수의 중간에 자리 잡도록 신이 창조한 것이라는 따위의 주장이 지배적이던 시대에 어쨌든 인간을 합리적으로 파악하려는 시도였습니다. 이런 면에서 그런 생각은 틀림없이 진보적 의의가 있다고 해야 할 것입니다.

명백한 휴머니즘이 그런 관점을 관통하고 있었다는 점은 돌바크의 글을 보면 잘 알 수 있습니다. "자연 자체는 커다란 기계이고 우리는 그 기계에 딸린 미약한 하나의 용수철이지 않은가." 그러고는 다시 이렇게 말합니다: "인간의 능력을 기계로 완전히 환원하는 것은 인간의 명예를 더럽히는 것[이거나] … 인간의 가치를 떨어트리는 부끄러운 일이라고 말해선 안 된다." 왜냐하면 "어떤 기계라도 진정으로 유용하고, 부여된 기능을 충실히 다한다면 고귀한 것"이기 때문이다. "선인善人은 그 용수철이 사람들의 마음에 드는 방법으로 기능하도록 짜인 하나의 기계다. 나는 내가 이런 기계인 것이 부끄럽지 않으며, 내 사색의 결과가 언젠가 내 동포들에게 유용한 것이 되고 위로가 되리라는 전망이 있다면 내 마음은 기쁨에 떨 것이다."

이 얼마나 고귀한 정신인가요!

그들의 자연관은 전체적으로는 형이상학적이면서도 변증법의 싹을 품고 있었다

그런데 프랑스 유물론은 그 기계론적 성격과 분리할 수 없는 결함, 즉 "세계를 하나의 과정으로, 끊임없이 역사적으로 발전하는 물질로 인식할 수 없었다"는 결함이 있을 수밖에 없었습니다.

"이는 당시 자연과학의 수준과, 또한 이와 관련된 형이상학적인 다시 말해 반反변증법적인 철학적 사고방식에 조응한 것이었다. 자연이 영원히 운동한다는 것은 모두 알고 있었다. 그러나 당시 사람들의 생각에 따르면, 이 운동은 마찬가지로 영원한 순환 운동이었고, 따라서 조금도 진보한 적이 없는 운동이었다. 그것은 계속 되풀이하며 같은 결과를 낳는 운동이었다. … 자연을 비非역사적으로 이해하는 것은 그런 이유에서 불가피했다"고 엥겔스는 지적합니다.[50]

한편, 당시 자연과학자들은 이런 순환 운동의 기원을 "자연으로 설명될 수 없는 외부로부터의 충격," 즉 신의 창조에서 구하는 것이 통례였습니다. "과학은 아직 신학 속에 깊이 빠져 있었"던 겁니다. "이 시기의 초기에 코페르니쿠스는 신학에 절교장을 보냈다. 그러자 뉴턴이 신이 가한 최초의 충격을 요청함으로써 이 시기를 끝냈다"고 엥겔스가 말한 것처럼 말이죠.[51] 그러나 프랑스 유물론자들은 당시 자연과학의 형이상학적 자연관이 보인 이와 같은 관념론적 결론을 단호히 거부했습니다. "운동이라는 결과를 낳는 유일한 원인이 신이라는 의견은, 무엇보다도 증명의 힘이 아니고서는 설득할 길이 없는 철학자에게 할 말이 아니다"(라메트리). "물질적 우주의 외부에 놓인 어떤 존재를 가정하는 것은 불가능하다. 결코 그런 가정을 해서는 안 된다. 그것으로부터는 아무것도 추론할 수 없다"(디드로). "사람이 아무런 편견 없이 자연을 관찰해 왔다면 물질은 자체의 힘으로 움직이며, 어떠한 외적 충격이 있어야만 운동하는 것이 아니라는 것을 일찍부터 납득했을 것이다"(돌바크).

이렇게 그들은 물질과 운동을 분리할 수 없다고 봤습니다. 따라서 그들의 철학은, 전체로서는 형이상학적 협소함을 충분히 벗어날 수 없었다 해도, 각각에서는 당시 자연과학의 제약을 뛰어넘어 변증법적으로 자연을 파악할 방법의 싹을 제시할 수 있었습니다. 예컨대 그들은, 모든 물질은 잠재적이긴 해도 감성과 유사한 능력을 지녔으며 생명이 없는 물질과 생명을 영위하는 물질의 구별은 상대적인 것에 불과하다는 견해를 공통으로 보였습니다. 이것은 "모든 물질이 본질적으로 감각과 동일한 종류의 성질, 즉 반영한다는 성질이 있다고 추측하는 것은 논리적이다"[52] 하고 레닌이 지적한 것처럼, 의식의 본성을 파악하는 데서 변증법적 유물론의 시초를 보여 준 것입니다.

나아가 디드로는 동물에 대해 "그들이 지금 우리가 관찰하는 것과 늘 같았고 앞으로도 영원히 그대로일 것이라고 생각해서는 안 된다"고 주장하고는 이렇게 말했습니다. "다음과 같이 상정할 수는 없는가? 즉, 종자가 개체와 마찬가지로 발생한다고, 그것이 성장하고 지속하고 소멸한다고, 처음부터 물질의 덩어리 속에 흩뿌려져 있던 동물성의 원소들이 마침내 하나가 돼 생명의 근원을 형성하기에 이른다고, 이 생명의 근원이 발전 단계를 거친다고, 그것이 운동에서 감각으로, 거기서 관념으로, 여기서 의식적 사고와 반성으로 나아간다고. 수백만 년 세월이 이 모든 발전 사이에 가로놓여 있을 것이다. 그리고 다시 수백만 년이 기다리고 있을 것이다."

돌바크도 "원시적 인간은 네발짐승과 곤충 사이의 차이보다도 더 크게 오늘날의 인간과 달랐을 것이다. 따라서 지구와 다른 세계에 존재하는 모든 것과 마찬가지로 인간도 끊임없는 변화 속에 있다고 볼 수 있다"고 주장하며, "과거의 영구적 지속 속 우주 전체는 엄밀히 말해 현재의 그것과 동일하지 않았고, 또 미래의 영구적 지속 속 우주 전체는 한순간도 현재의 그것과 동일할 수 없다는 것은 명료하지 않은가?" 하고도 말했습니다.

이처럼 프랑스 유물론이 "동시대 자연 인식의 제약된 상태에 현혹되지 않고, 또한 … 세계를 그 자체로부터 설명하도록 주장하며 양보하지 않고, 그것의 세부적 확증을 미래의 자연과학에 맡겼다는 것은 이 철학한테는 최고의 명예"라고 할 만합니다.[53]

역사관과 사회관 면에서 프랑스 유물론의 약점

프랑스 유물론자들은 그 눈으로 자연을 굳건히 바라봤듯이 사회도 주시하고 있었습니다. 사회에 대한 프랑스 유물론의 견해는 대표적으로 엘베시우스의 주장에서 볼 수 있습니다. "엘베시우스의 유물론은 참으로 프랑스적인 성격을 띠고 있다. 그는 유

물론을 돌연 사회 생활과 관련지어 이해한다"고 마르크스는 말했습니다.[54]

모든 관념이 경험의 산물이듯이 인간 지능은 모두 교육의 산물이라는 것이 엘베시우스의 기본 주장입니다. "인간은 전적으로 자신이 받은 교육의 산물에 불과하다," "법률이 모든 것을 만든다"고 그는 말합니다. 오늘날 인류가 불행한 것은 불합리한 교육과 불합리한 사회 제도 때문이며, 따라서 합리적 교육과 합리적 사회 제도가 세워져야 한다고요.

그러나 이 엘베시우스의 주장(프랑스 유물론자들에게 공통된 주장)에는, 이 또한 마르크스가 지적하듯 치명적 약점이 있었습니다. "인간은 환경과 교육의 산물이고, 따라서 변화된 인간은 변화된 환경과 변화된 교육의 산물이라는 유물론적 교설은 환경이 바로 인간에 의해 변화된다는 것, 그리고 교육자 자신이 교육돼야 한다는 것을 잊고 있다"는[55] 것이 마르크스의 지적입니다. 엘베시우스는 "법률이 인간을 만든다"면서 그 법률을 만드는 것도 인간이라니 — "법률의 완성은 인간 이성의 진보 여하에 달려 있다"고 엘베시우스가 말하듯이 — 논의가 쳇바퀴를 도는 겁니다. 게다가 "지금까지 사회는 오로지 편견에 이끌려 왔다"거나 "이성을 통해 앞으로의 사회를 이끌어 가자"는 주장도 그것만으로는 결국 사회는 한결같이 관념의 힘에 의해 움직인다고 보는 관념론의 관점에 빠져들게 됩니다.

"유물론을 돌연 사회 생활과 관련지어 이해"하려 한 것은, 혁명적 부르주아지의 이데올로기로서 프랑스 유물론의 적극성을 보여 주며 마르크스가 말한 그대로 심지어 "곧장 사회주의로 흘러들어" 갔습니다.[56] 즉, 프랑스 유물론은 나중에 공상적 사회주의자들로 이어지게 되지만, 공상적 사회주의자들은 그 "이해"에 포함돼 있던 관념론적 약점도 그대로 물려받게 됩니다.

6. 독일 고전철학의 전개

독일 고전철학은 칸트가 제시한 태양계 드라마로 출발했다

그런데 프랑스 유물론이 형성되던 당시 자연과학을 지배하던 "화석화된 자연관"에 "최초의 돌파구를 마련한 것은 자연 연구자가 아니라 한 명의 철학자였다"고 엥겔스는 말합니다.[57] 바로 칸트(1724~1804년)를 가리킵니다. 독일 고전철학은 칸트에서 시작됩니다.

"칸트는 뉴턴의 항구적 태양계 개념과 그 태양계의 — 저 유명한 최초의 충격이 가해진 이후의 — 영원한 지속 개념을 하나의 역사적 과정으로 해소함으로써 자신의 학문적 생애를 시작했"습니다.[58] 그는 1755년 서른 살의 나이에 발표한 논문 《일반 자연사와 천체 이론》에서 태양계의 천체들이 거대한 가스 구름,

즉 성운星雲에서 생성됐다고 주장했습니다. 그 주장에 따르면, 성운 내 입자가 만유인력에 의해 서로 끌어당겨 회전하기 시작하고, 성운이 수축하면서 회전 속도가 빨라지고, 원래는 차가웠던 온도도 차츰 상승해 마침내 중심부에 거대한 원시 태양이 생겨나고, 그 주위를 회전하던 가스 덩어리 속에서 행성들이 형성됐다고 합니다. 이른바 태양계 생성의 장대한 드라마를 그려 낸 것입니다.

그것은 "코페르니쿠스 이래 천문학이 달성한 최대의 진보였다"고 엥겔스는 말합니다. "이로써, 자연에는 시간에 따른 역사가 없다는 생각이 처음으로 흔들리게 됐다. 그때까지 천체는 처음부터 언제나 동일한 궤도를 돌고 동일한 상태를 유지한다고들 여겼다. … 형이상학적 사고방식에 딱 들어맞는 이런 관념에 칸트가 최초로 돌파구를 뚫은 것이다."[59]

독일 고전철학이 태양계의 드라마를 파악하는 데서 출발했다는 것은 우연이 아닙니다. 독일 고전철학의 전개 과정은 독일의 근대 고전 극문학의 발전 과정과 정확히 일치하니까요.

드라마의 정신과 변증법

독일 근대 고전 극문학의 기초를 놓은 사람은 칸트와 동시대 인물인 레싱(1729~1781년)입니다. 독일어학자인 고故 세키구치 쓰기오 씨는 레싱에 대해 다음과 같이 적습니다.

> 그는 날 선 대화를 즐겼다. 문제를 극단으로 첨예화하는 것을 통쾌해했다. 시각을 바꿔 국면을 반전시키는 것이 그의 특기였다. 삼라만상을 시간에 따라 이어 나가는 투쟁으로 분해하는 버릇도 있었다. … 넓은 의미에서 중세 문화가 붕괴하고 비판적 근대 문화가 태어났다. 그 중간의 혁명 시대, 즉 18세기 계몽주의가 한창일 때 레싱은 태어나고 죽었다. 18세기는 대체로 유럽 전체의 청년기라고 할 만한 시대였다. … 모든 것이 과거의 암흑을 뿌리치려고 싸우고 있었다. … 그런 시대에 태어난 레싱에게 극작劇作이 평생의 야심이 된 것은 오히려 당연하다. 동적인 시대에 동적인 인간이 태어났기에 동적인 표현 형식으로 나아간 것이다("극작가 레싱").

이 드라마의 정신이야말로 변증법 자체입니다. 변증법이란 사물과 사상의 드라마에 대한 이론이라고 해도 무방할 것입니다. 그리고 이 드라마의 이론인 변증법이야말로 독일 고전철학의 발단부터 완성에 이르기까지를 관통한 기본 모티브였습니다. 독일 고전철학은 태양계 생성 드라마에 대한 칸트의 이론으로 그 출발을 장식한 뒤 피히테(1762~1814년)와 셸링(1775~1854년)을 거쳐 헤겔(1770~1831년)에서 완성됐습니다. 헤겔은 이렇게 말합니다. "칸트, 피히테, 셸링의 철학 안에는 사상의 모습을 한 혁명이 내포되고 표명돼 있다. … 이 [혁명의 — 지은이] 원리는 독일에서는 사상·개념·정신으로 프랑스에서는 현실로 갑자기 모습을 드러냈다."

독일 고전철학은 분명히 프랑스의 정치 혁명에 조응하는 철학 혁명의 성격이 있었습니다. 무엇에 대한 어떤 혁명이냐 하면, 바로 "화석화"된 형이상학적 세계관에 대한 혁명이었고, 그 내용은 변증법의 이론적 복권이었습니다. 헤겔이 독일 고전철학을 완성한 사람이라고 불리는 이유는 그가 변증법을 집대성했기 때문이며, 변증법의 집대성이 독일 고전철학의 역사적 의의입니다.

독일 고전철학의 관념론적 성격과 속물성

그러나 독일 고전철학의 또 다른 특징은 전체적으로 관념론 철학이었다는 점입니다. 이 특징은 당시 독일 부르주아지의 후진성을 반영한 것입니다. 자본주의의 발전이 뒤늦었던 독일의 부르주아지는 아직 봉건적 권력에 현실적으로 대항할 독자적 힘이 없었고, 오히려 절대왕정의 힘에 기대어 자신의 힘을 키우려는 방향으로 움직이고 있었습니다. 그래서 라인강 건너편에서 펼쳐진 세계사적 사건, 즉 프랑스 혁명이 당시 독일의 급진적 청년·지식인의 마음을 크게 흔들었음에도, 그 지식인들은 그 혁명을 관념의 세계 속에서 관념적으로만 받아들였을 뿐 혁명의 현실 전개를 따라가지는 못했습니다. 독일 고전철학의 관념론적 성격은 이런 '독일의 처지' 속에서 생겨난 것입니다. 이 점을 두고 엥겔스는 "칸트에서 헤겔에 이르기까지 독일 철학에는 독일의 속물적 도시 상인의 근성이 일관되게 나타난다. 때로는 적극적으로, 때로는 소극적으로" 하고 지적합니다.[60]

이 속물성은 그들의 문체에서도 여실히 드러났습니다. 그들의 문체는 프랑스 유물론자들의 명쾌하고 경쾌한 문체와는 전혀 다르게, 무겁고 난해하고 추상적이고 숨 막히고 머리가 깨질 것 같은 문체였습니다. 칸트에 대해 말하자면, 앞서 언급한 청년 칸트의 《일반 자연사와 천체 이론》은 아직 관념론이 고개를 들지 않았던 터라 예외지만, 일단 관념론이 고개를 들자 속물근성이 겉으로 드러나고 문체에도 바로 반영돼 나타났습니다. 칸트의 주요 저작 《순수이성비판》의 문체를 두고 시인 하이네는 "따분하고 말라비틀어진 포장지 같은 문체"와 "궁정 냄새 풍기는, 차가울 대로 차가운 관료 말투"가 특징이라며, "여기에 칸트의 속물근성이 분명히 드러나 있다"고 비평합니다.[61]

"물자체"와 칸트의 불가지론

그러면, 칸트가 《순수이성비판》에서 설명한 이론적 내용을 검토해 봅시다. 거기에는 독일 부르주아지의 타협적 속물성이 "유물론과 관념론의 조화, 양자 간의 타협"을 도모한 시도로 나타나 있습니다.[62] 그는 한편으로는 인간 의식으로부터 독립된 물질세계의 존재를 인정하며 이 "물자체物自體"가 인간의 감각기관을 촉발하는 것이 인간의 관념 일체의 원천이라고 주장합니다. 여기까지는 유물론의 입장입니다. 그러나 동시에, 다른 한편으로는 그 "물자체"가 무엇인지는 원리적으로 인간이 인식할 수 없다고 합니다. 즉, 이렇게 불가지론을 말함으로써 관념론으로 크게 기운 것입니다. 요컨대, 칸트에 따르면 인간의 머리는 선험적으로, 즉 "경험에 근거하지 않고 경험에 앞서," 그리고 "초월적"으로, 즉 모종의 틀을 갖추고 있고, 경험으로 주어진 것을 이 틀에 따라 질서를 부여해 받아들입니다. 그래서 원리적으로 인간은 이 틀에 따라 질서가 부여되기 이전 "물자체"의 모습을 알 길이 없다는 것입니다. 인간은 독특한 '마음의 렌즈'를 갖고 태어나며 이 마음의 렌즈를 통해서만 사물을 볼 수 있으므로, 오로지 마음의 렌즈를 통과한 것만 볼 수 있다, 이렇게 비유할 수 있겠죠.

칸트는 시간과 공간을 이런 선험적 틀이라고 생각했습니다. 요컨대, 시간과 공간은 오로지 주관적 형식, 즉 마음의 렌즈 측에 속하는 것이지 "물자체"에 속하는 객관적인 것은 아니라고 말입니다. 나아가 그 틀에 따라 질서가 잡힌 재료를 조합하고 연결함으로써 인간의 인식이 성립하는데, 그렇게 조합하거나 연결할 때 사고의 모양 자체도 인간에게 선험적으로 갖춰진 것이라고 주장합니다. 양, 질, 관계(원인과 결과 등), 양태(필연성과 우연성 등)의 범주가 이런 사고의 모양이며 그것은 오직 주관적이지, 객관적이지는 않다고 합니다.

더 자세히 보기

이런 칸트의 생각을 현대 과학의 입장에서 보면 어떻게 될까요? 여기에 스기타 모토요시 씨가 쓴 비평을 조금 자세히 소개하겠습니다.

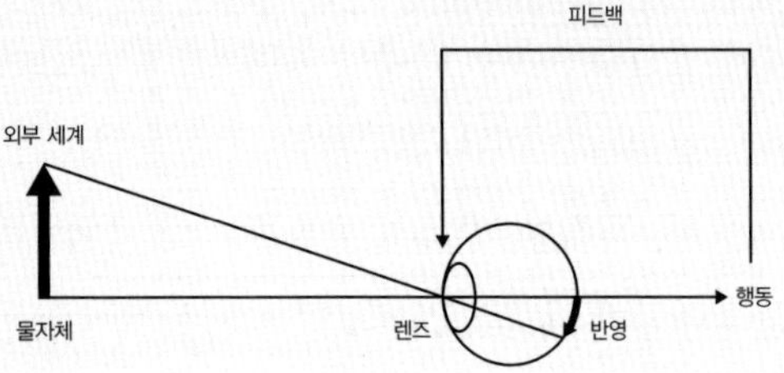

이 그림은 외부 세계가 경험의 창을 통해 인식되는 것을 도식화한 것이다. 무언가를 이 창을 통하지 않고 마음에 상像이 나타나도록 하는 것은 천리안이거나 투시력이지 과학적이라고 할 수 없을 것이다. 문제는 이 마음눈心眼의 광학계인데, 만일 렌즈가 색유리라면 색이 있는 상을 얻을 것이고, 비뚤어졌다면 비뚤어진 상을 얻게 될 것이다.

그런데 외부 세계는 오로지 이 창을 통해서만 과학적으로 인식되므로 우리가 알 수 있는 것은 오직 그 심상心像이고, 이 심상이 비뚤어져 있어 비뚤어진 것만 알 수 있다고 한다면(다른 방법으로 비뚤어졌음을 판단할 수 있더라도 그쪽 창에도 어떤 특성이 있어서 나름의 비뚤어짐이 있는지도 모르므로), 우리는 외부 세계에 있는 것이 어떤 상태인지 알 수 없을 것이다. 칸트에 따르면 그것이 "물자체"다. 물자체가 있음을 부정할 수는 없지만, 그에 대해 우리가 알 수 있는 것은 마음에 나타난 상일 뿐이고, 그 상은 선험적으로 주어진 광학계의 성질에 따라 달라진다고 칸트는 말한다. 예컨대, 우리는 시간이나 공간이라는 직관의 형식이나 여타의 범주 등에 끼워 넣어 어떤 상을 만들고 있으므로, 그것은 렌즈가 상을 물구나무세우거나 수차가* 생기는 것과 비슷하다. 그러나 우리는 이 상, 즉 인식을 바탕으로 행동해서 광학계에 피드백한다. 가령 뉴턴이나 칸트 시대의 사람들은 시간과 공간을 별개의 것으로, 공간은 3차원이며 유클리드적인 것이라고 생각했다. 당시에는 이런 마음눈의 렌즈로 사물을 바라보고 그렇게 정리했지만, 그래서는 진보한 실험을 따라갈 수 없다는 것을 차츰 알게 됐다. 광속에 가까운 고속 운

* 수차(收差) 한 점에서 나온 빛이 렌즈나 거울을 통해 상을 만들 때 광선이 한 점에 완전히 모이지 않고 상이 흐려지거나 비뚤어지거나 굽는 현상 — 옮긴이.

동계系에서 시간은 운동계의 상태에 좌우된다. … 이전에는 그것이 직관에 어긋난다는 반론도 있었지만, 그런 직관은 저속 운동계의 경험에서 비롯한 것으로 이를 중요하게 여겨 고속 운동계에도 그런 눈(정보 처리의 시스템 테이프, 즉 소프트웨어)을 반영해 정리하려 들면 들어맞지 않게 된다. 그런 선입관을 버리고 실험을 충실히 따르려면 경험한 바를 마음 눈의 광학계에 피드백해서 시간과 공간의 소프트웨어를 갱신하는 수밖에 없다. 이것을 한 사람이 아인슈타인이다. "경험을 따르지 않는 무언가"를 전제하고 경험을 정리해 봐야 아무 소용없다. 이것이 물리학을 비롯한 자연과학의 역사적 결론이다. …

만약 외부 세계를 그릇되게 인식할 광학계를 가졌다면 우리는 올바르게 행동할 수 없을 것이다. 생물은 자연에 적합하게 발전하고, 적합하지 않은 것은 진화의 역사에서 멸종했다. 이것이 오늘날 생물의 합목적성을 설명하는 유일한 대의명분이다. 철학의 입장이야 어찌 됐건, 인간도 하나의 생물인 이상 예외일 수 없다. 어떤 철학도 '인간은 생물이 아니다' 따위를 단정할 수 없을 것이다. 인간은 자연의 법칙을 알고 올바른 지식을 기초로 발전해 왔고, 그러기 위해 피드백으로 광학계를 개량하고 더 나은 반영을 제공하기 위해 노력해 왔다. 그러므로 인류는 오늘날의 번영을 획득한 것이다.

이를 부정하지 않는다면, 과학이 뒤틀림 없는 광학 렌즈(소프트웨어)를 마음눈에 두기를 바란다는 것을 알 수 있다. 그렇다면, 인간은 물자체에 대해 아무것도 알 수 없다는 견해는 피드백 작용을 몰랐던 시대의 유물, 즉 과거의 유물에 지나지 않음을 알 수 있다(《사이버네틱스란 무엇인가》).

경험은 인식의 창이라고 하지만, 어떤 신호가 그 창을 지나가기만 해서는 인식이 아니다. 이 문제를 밝혀낸 것이 칸트의 공적이다. 칸트는 이 소프트웨어 속에 피드백이 작용하지 않는 것이 있다고 생각해 선험적이라고 했을 것이다. 그러나 물리학의 발전은 시간이나 공간에도 경험에 따른 피드백이 있음을 밝혀냈다. 칸트는 우리가 알 수 있는 것은 마음눈의 망막에 맺히는(상이 나타나는) 것뿐이고 외부 세계의 물자체에 대해서는 사실은 아무것도 말할 수 없다고 했다. 그러나 만약 마음눈의 광학계에 피드백이 있고, 그에 따라 외부 세계에 옳게 대응할 수 있는 생물만이 살아남았고 대응하지 못한 생물은 진화 과정에서 절멸했다면 어떻게 될까? 이것은 가정이 아니라 생물학적으로 '옳다'는 것의 유일한 대의명분이다. 여기서 '물자체'에 대해 이러쿵저러쿵하는 종류의 족속들은, 만약 그 족속이 생물 중 하나라면 생물학의 원칙에 따라 지구에서 사라지든가 천연기념물이 돼야 할지도 모른다. 이에 대해 얼마든지 다른 소리를 할 수도 있지만, 그렇다고 이를 가지고 자연과학에 도전하겠다는 것은 달걀로 바위 치기를 하려는 것이나 같다(《사회와 사이버네틱스》).

칸트, 신을 추방하는 드라마와 신을 청하는 소극을 동시에 쓰다

그런데, 이래서는 도대체 '드라마의 정신'은 어디로 사라진 거냐고 묻고 싶어지죠. 그래도 그것은 베일을 쓰고 숨어 있긴 했습니다. 칸트에 따르면, 인간은 의식 밖에 있는 객관적 실재 자체를 영원히 인식할 수 없으니, 그렇다면 신에 대해서도 아무것도 알 수 없어야 합니다. 그뿐 아니라, 감각에 주어지는 현상現象만이 인간이 알 수 있는 전체 범위라고 하니, 그렇다면 신의 존재를 논하는 것 자체가 제대로 된 이성적 논의의 범위를 벗어나게 됩니다. 신은 인간의 사고력으로 파악될 수 없다고 하니까요. 이런 점에서 보자면, 《순수이성비판》은 이성의 영역에서 신을 추방하는 드라마의 상영이었다고 할 수 있겠죠. 그래서 하이네는 칸트를 "테러리스트"라고 부르고, 프랑스 혁명 때 국왕 처형의 선봉에 선 로베스피에르에 비유했습니다.

그런데, 이 드라마에는 속편이 있습니다. "아직 극이 더 남아 있다. 비극 뒤에는 소극이 온다"고 하이네는 썼습니다.

> 이마누엘 칸트는 지금까지 가차 없는 철학자를 연기했다. 낙원을 급습해 수비병을 남김없이 베었다. 세계의 통치자는 결백을 주장하지 못하고 피투성이가 됐다. 앞으로 더는 높으신 자비도, 아버지다운 은혜도 없다. 이 세상의 금욕에 대한 저세상의 보상도 없다. 영혼 불멸은 빈사 상태로 병상에 누워 마지막 숨을 내쉬려 한다. 그 곁에는 람페 영감[칸트가 일과였던 산책 때 언제나 양산을 들고 따랐다는 하인 — 지은이]이 양산을 겨드랑이에 끼고 멈춰 서서 애처롭게 식은땀과 눈물을 흘리고 있다. 이마누엘 칸트는 거기서 측은함을 느끼고는 자신이 위대한 철학자일 뿐 아니라 선량한 인간임을 보여 주려 한다. 그래서 곰곰이 생각하다 절반은 친절하게 절반은 빈정대며 중얼거리길, '람페 영감에겐 아무래도 신이 필요해. 안 그러면 불쌍한 이 사람은 행복해질 수 없어. 하지만 인간은 이 세상에서 행복해야만 해. 실천이성이 그렇게 말하고 있어. 사양할 것 없어. 그럼, 이 실천이성이 신의 존재를 보증하면 되겠군.'
>
> 이렇게 해서 칸트는 이론이성과 실천이성을 구별하고, 실천이성을 마법의 지팡이인 양 치켜들고 이론이성이 죽인 이신론의 사체에

숨을 불어넣었다.

이것은 하이네의 농담이 아닙니다. 사실 칸트는 다음 저작인 《실천이성비판》에서, 인간의 도덕적 실천이라는 면에서 보면 신의 존재나 사후 영혼의 존속이 어쩔 수 없이 "요청된다"고 말합니다. 즉, 신의 존재는 이론이성의 대상으로는 부정되지만 "실천이성"의 대상으로는 허용된다, 아니 불가결하다고 말입니다. "선한 의지"는 현세에서는 종종 실현 불가능하기 때문에 그것을 실현하기 위해서는 신과 내세의 존재가 필요하다는 이유에서 말입니다. 정말로 "소극"이라고 할 수밖에 없습니다.

무엇 때문에 칸트는 이런 소극을 연기하게 됐을까요? "칸트가 신의 부활을 꾀한 것은 단지 람페 영감을 동정해서가 아니라 경찰을 두려워했기 때문일지도 모른다"고 하이네는 짓궂게 씁니다. 하지만 정곡을 찔렀다고 해야겠죠.

산 너머 하늘 저 멀리

칸트로 하여금 신의 존재를 "요청"하도록 만든 이 "선한 의지"는 "독일 시민[부르주아지]들의 무력함, 침체, 비참함에 정확히 대응하"는 것이었다고 마르크스와 엥겔스는 말합니다. 이것도 정곡을 찌른 지적입니다. "프랑스 부르주아지는 지금까지 역사상 최대 규모 혁명을 통해 지배자로 도약했고 유럽 대륙을 정복했다.

또한 이미 정치적으로 해방됐던 영국 부르주아지는 산업을 변혁하고 인도를 정치적으로 복종시키고 전 세계를 상업적으로 복종시켰다. 그러나 무력한 독일 시민들은 겨우 '선한 의지'에 다다랐을 뿐[이다.] … 이 선한 의지의 실현 … 은 피안彼岸으로 옮겨졌"기 때문입니다.[63]

산 너머 하늘 저 멀리
'행복'이 산다고 사람들은 말하네.
아아, 사람들과 함께 찾아갔다가
눈물을 머금고 되돌아온다.
산 너머 하늘 저 멀리
'행복'이 산다고 사람들은 말하네.

카를 부세의 시詩인데, 마치 칸트가 말하는 "선한 의지"를 상징하는 것 같습니다. 그도 그럴 것이, 칸트는 《순수이성비판》에서 감성을 통해 주어지지 않는 것에 대해 인간이 이성의 힘을 기울이려 하면 반드시 모순에 빠진다고 주장합니다. 세계는 공간적·시간적으로 유한한가 무한한가 같은 문제가 그렇다고 합니다. 그러나 원리상 감성을 통해 주어지지 않는 것은 존재하지 않습니다. 또한 우리가 객관적 세계의 본질을 논의의 대상으로 할 때 반드시 모순에 처하게 된다면, 우리는 모순을 내포하는 것 자체를 객관적 세계의 구조로 여기며 그것을 있는 그대로 파악할 수 있도록 사고 방법을 단련해야 할 것입니다. 그로부터 사고의 드라마가 시작되는 것입니다. 칸트가 던진 문제 제기의 적극적 의의는 이런 문제의식의 입구까지 접근했다는 데 있습니다. 그러나 딱 거기서 멈춰 서서는 뒤돌아보고 만 것이 칸트였습니다.

칸트가 제기한 이런 문제의식을 의식적으로 받아들여 펼치려 한 사람이 피히테입니다. 그러나 피히테는 칸트의 불가지론을 주관적 관념론으로 '순화'해 자기 뜻을 이루려 했습니다.

피히테 철학에서 "자아"의 드라마

칸트는 세계를 객관적 "물자체"의 세계와, 인간의 의식 속에 상像으로 나타나는 주관적 세계로 양분했는데, 피히테는 전자를 후자로 환원합니다. 요컨대, "자아自我"야말로 진정하고 유일한 실재이고, 이른바 객관적 세계는 "자아"의 실현이며 피조물이라고 주장했습니다.

피히테에 따르면, "자아"는 이성이자 의지이며 그 본성은 행위이고, "자아"의 세계 창조 과정은 끊임없이 자신의 대립물을 만들고 그것을 극복함으로써 스스로 발전해 나가는 변증법적 과정입니다. "자아"의 드라마, 이것이 피히테가 펼친 철학입니다.

괴테가 자신의 작품 《파우스트》에서, 한 청년의 입을 빌려 한 다음의 말은 이런 '창조적 자아' 철학의 희곡 같습니다.

청년에게 최고의 사명은 이것이다
내가 만들기 전까지는 세계도 없었단 뜻이다
태양은 내가 바다에서 떠오르게 했다
나와 더불어 달의 차고 기움도 시작됐다
내 발걸음에 따라 낮이 치장을 하고
나를 맞아 대지도 푸르러지고 꽃을 피운다
저 최초의 밤, 내 눈짓으로
온 하늘의 별이 일제히 빛나기 시작했다
속물적으로 편협한 사상의 모든 속박에서
그대들을 해방한 것도 내가 아니면 누구라는 말인가
허나 이 나는 정신의 소리를 따라 자유로이
용감히 뛰쳐나가 내 안의 빛을 쫓아
광명을 앞에 어둠을 뒤로 두고
더할 나위 없는 환희로 곧장 나아간다

물론 이 말이 피히테 철학의 주장을 문자 그대로 충실하게 전하고 있는 것은 아닙니다. 피히테가 말한 "자아"는 그 자신의 자아도 아니거니와 모든 개인의 자아가 똑같지도 않기 때문입니다. 여기서 "자아"는 "자각된 보편 세계의 자아"를 가리키는 것이고, 피히테가 그런 "자아"야말로 유일한 실재라고 주장한 것이라고 하이네도 주의를 줍니다. 그러니 "피히테 씨는 적어도 자신의 아내는 존재한다고 믿고 계신 거죠? 믿지 않으신다고요? 아이고! 피히테 씨의 아내는 그걸 가만 두시나요?" 따위의 풀이는 오해라고 말이죠.

그렇다 해도, 이 "자각된 보편 세계의 자아"는 정말로 기괴한 유아독존의 괴물입니다. 자기가 자기를 생각하고, 자기가 자기를 이루려 하고, 자기 안에서 자기를 만들어 간다고 하니까요. 자기가 자기를 요리하고, 자기가 자기를 맛보는 기괴한 요리사, 또는 이런 기괴한 요리 행위 자체라고나 할까요? [피히테의 "자아"는] "마치 화덕 앞에 앉아 구리 솥에 자신의 꼬리를 끓이고 있는 원숭이 같은 것"이라고 하이네는 말합니다.

그건 그렇고요, 앞서 인용한《파우스트》에서 그려진 피히테 철학의 희곡은, 희곡이 일반적으로 평평한 사진 이상으로 사물의 본질을 부각하는 것처럼, 피히테의 "자아" 철학을 관통한 일종의 관념적 급진주의를 선명하게 보여 줍니다. 이 급진성은 프랑스 혁명에 대한 공감에서 비롯한 것이었습니다. 이 때문에 피히테는 '무신론자'로 비난받았고, 정부와 충돌해서 예나대학교를 떠나야 하는 사건도 벌어졌습니다.

그러나 피히테의 이런 급진주의는 현실성을 결여한 관념성 때문에 머지않아 정반대로 변했고, 프랑스 혁명의 현실적 결과들에 반대하는 수구적 성격을 갖게 됐습니다. '무신론'의 모퉁이에 있다가 대학에서 쫓겨났던 한때의 피히테는 신에게 안긴 '맑고

행복한 삶'의 설교자로 돌변해 베를린대학교 초대 선출 총장 자리에 앉게 됩니다. "어느 날 아침에 일어나 보니 피히테의 철학은 완전히 변신해 있었다. 말을 치장하거나 훌쩍거리기 시작했고, 허약하고 신중해져 버렸다"고 하이네도 썼습니다. "사상의 사다리를 타고 하늘로 기어올라 그곳의 텅 빈 방들을 대담하게 더듬고 다니던 관념론의 거인은 이제는 한숨 섞인 사랑을 이야기하는 허리 숙인 그리스도교 신자 같은 무리가 됐다"고요.

여기서도 대단원은 다시 소극으로 막을 내렸습니다.

셸링 철학에서 "자연"의 드라마

피히테의 "자아"의 드라마를 대신해 등장한 것이 셸링의 "자연"의 드라마였습니다.

셸링은 조숙한 천재로 피히테 철학에서 출발했지만, 20대 초에 이미 피히테의 "자아"를 "자연"으로 바꾼 독자적 체계를 구축하기에 이릅니다. 물론 그가 말하는 "자연"은 르네상스 시대 자연철학자들이 말한 자연, 스피노자가 말한 "신즉자연"의 자연과 유사한 범신론적인 것이었고, 그런 면에서는 피히테가 말한 초超개인적이고 세계적인 "자아"와 전혀 다르다고 하기는 어렵습니다. 그러나 명확한 객관적 관념론을 자각했다는 면에서는 피히테 철학의 주관주의를 극복하고, 뒤집힌 형태로나마 유물론을 향해 접근해 간 것이라고 평가할 수 있습니다. 피히테가 "자아"에 의한 세계 창조의 원리로 파악한 변증법은, 이로써 비록 신비화된 형태이지만 자연의 자기운동·자기발전의 원리로 다시 이해될 수 있었습니다.

셸링의 자연철학에서 대립물의 통일과 투쟁이라는 원리는 모호하긴 해도 "양극성의 원리"라는 형태로 파악됐고 자연의 모든 발전의 원동력으로 인식됐습니다. 이렇게 함으로써 셸링은 생명이 없는 물질에서 생물에 이르는 모든 자연계를, 상승하며 발전하는 과정으로 이해하는 길을 열 수 있었습니다. 자연에서 "양극성"의 표현으로 자기磁氣나 전기의 양극과 음극, 화학 과정에서 원소들 간의 친화성과 불친화성, 생물의 양성 등을 드는 데서 나타나듯이, 셸링 자연철학의 기초에는 당시 급속도로 발전하던 자연과학, 특히 전자기학·화학·생물학의 자극이 강하게 작용하고 있었습니다.

그러나 이윽고 셸링은 자신의 "자연철학"과 피히테의 "자아의 철학"을 모두 일면적인 것으로 보고 이 둘의 일면성을 극복해 통일한다며 자연과 정신의 근저에 존재하는 "절대자"를 생각해 냈습니다. 그리고 이 절대자에게는 "모든 것이 동일하다"는 "동일철학"을 주장하며 변증법을 비합리주의로 바꾸는 방향으로 나아가기 시작했습니다. "자연은 눈에 보이는 정신, 정신은 눈에 보이지 않는 자연"이며 "우리 내부의 정신"과 "우리 외부의 자연"은 "절대적 동일성"으로 이해해야 한다고 말했습니다.

이런 "절대적 동일성"이 말하는 것은 "모든 소가 새까맣게 보이는 새까만 밤"이라는 말 같은 것이라고 헤겔은 신랄하게 비평했습니다.

하이네도 "이쯤 되면, 셸링 씨에게서 철학은 정지되고 시詩가 시작된 것"이라고 비평합니다. "아니, 술주정이 시작됐다고 하고 싶을 정도다. 하지만 이런 당신의 술주정은 바보 무리에게 큰 갈채를 받을 것[이다.]" 여기서 바보 무리는 "객관의 세계도 주관의 세계도 사라지고, 둘이 서로 용해돼 실재도 아니고 관념도 아닌 완전한 무無가 될 때까지, 눈에 보일 리 없는 것이 보이고 귀에 들릴 리 없는 것이 들리고, 색을 듣고 소리를 볼 때까지, 절대자가 역력히 나타날 때까지, 그때까지 원을 그리며 빙빙 도는" 그런 자들이라는 하이네의 비평도 신랄합니다.

더구나 셸링의 "술주정"은 갈수록 심해져서 그는 "시"에서 종교 자체로까지 비틀거리며 걸어갔습니다. 말년의 셸링은 초월적 신의 계시를 설교하는 완전한 신비주의자·신앙주의자로 변모했고, 수구 세력에 영합하는 학자로 전락해 버렸습니다. 《낭만파》에서 하이네는 "셸링 씨는 철학을 가톨릭 교회에 팔아넘겼다"고 씁니다.

드라마는 또다시 소극으로 막을 내리게 됐습니다.

7. 헤겔의 철학 체계와 변증법

역사의 드라마를 이해하기: 헤겔이 내놓은 문제

셸링이 헤매던 길을, 비록 관념론의 틀 안에서이지만 더 견실한 방향으로 되돌리고 셸링을 뛰어넘은 인물이 헤겔입니다.

헤겔은 청년 시절 셸링의 친구로, 그보다 5살 연상이었지만 오히려 셸링에게 가르침을 청한 제자로 출발했습니다. 그러나 두 사람은 성격과 자질 모두 완전히 대조적이었습니다. 셸링이 영리하고 조숙한 천재였지만 자기 재능에 빠져 사상적 절조가 결여됐던 것과 달리, 헤겔은 만사에 서투르고 기민하지 못했지만 소처럼 완고하고 끈질기게 나아가는 타입이었고, 이윽고 두 사람은 전혀 다른 길을 가게 됩니다. 헤겔 철학의 역사적 의의에 대해 엥겔스는 다음과 같이 말합니다.

> 근대 독일 철학은 헤겔의 체계에서 그 완결에 도달했다. 그 체계에서 비로소 자연적·역사적·정신적 세계 전체가 하나의 과정으로, 즉 끊임없이 운동하고 변화하고 변모하고 발전하는 것으로 나타났으며, 또한 이 운동이나 발전의 내적 연관을 밝히려는 시도가 이뤄졌다(그리고 이것이 그 체계의 위대한 공적이다). 이런 관점에서 보면 인류 역사는 더는 무의미한 폭력 행위가 아니라, 즉 이제는 성숙한 철학자의 이성이라는 심판 앞에서 예외 없이 모두 비난받아

야 하고 가능한 한 빨리 잊어버리는 것이 최상의 분별이라 할 만한 행위가 잡다하게 뒤얽혀 있는 것이 아니라, 인류 자체의 발전 과정이다. 그리고 이제, 이 발전 단계가 여러 옆길을 거치면서도 점차 단계를 따라 걸어온 자취를 더듬어, 모든 외견상의 우연성을 관통하는 내적 법칙성을 밝히는 것이 사고의 과제가 됐다.[64]

한마디로 말해, 역사의 드라마를 이해하려 한 것, 이것이 헤겔 철학의 커다란 의의입니다.

역사의 갈지자 행보 속에 객관적 법칙성이 나타나다

인간 사회의 역사를 관통하는 객관적 법칙성을 이제까지 문제 삼지 않았던 데는 나름의 이유가 있었습니다. 자연계의 현상들과 달리 인간 사회의 현상들과 사건들은 모두 인간의 의식적 행동으로 이뤄지는 것이고, 그런 행동들에 나서는 사람들이 제각기 안고 있는 주관적 의도나 속셈은 완전히 다종다양하고 제각각으로 보이기 때문입니다. 그래서 그것들을 관통하는 객관적 법칙성 같은 것은 애당초 문제 삼을 도리가 없다고 생각했던 것입니다. 프랑스 유물론자들도 예외는 아니었습니다. 이제까지 사람들은 잘못된 관념에 따라 행동한 것이니 지금까지 역사는 이치에 맞지 않고, 무질서하고, 터무니없는 것이었을 뿐이다, 이런 식으로 여긴 것입니다. 그런데 잘 생각해 보면, 각양각색의 주관적 생각에 따라 행해지는 개인들의 행동은 현실의 과정 속에서 서로 충돌하거나 중첩되고, 이 과정을 통해 역사가 만들어지는 것입니다. 그래서 현실의 많은 사건들은 그에 관여한 사람 어느 누구도 생각치 못한 방향으로 나아갑니다. 행동의 결과는 물론이고 경로나 경과나 속도도 거의 언제나 예상 밖입니다. 그렇다면, 우리의 예상 밖에 있는 객관적인 무언가가 스스로 나타난다고 말할 수 있는 게 아닐까? 이것이 헤겔이 던진 질문이었습니다.

인간 인식의 경로도 마찬가지라고 헤겔은 말합니다: 인간의 인식은 갈지자로 나아간다. 엉뚱한 일을 반복하며 필사적으로 저항도 하면서 돌고 돌아 진리에 접근해 간다. "진리는 거부하려다가 오히려 포용하게 되는 것이라고 하듯이." 이것은 보편적 성격이 있는 하나의 객관적 법칙성이 아닌가.

"인간은 모두 예상 밖의 일을 하기 시작하"지만 "예상 밖의 일을 하지 않으면 진정한 곳에 닿지 못한다"는 통찰, 여기에 "헤겔 철학의 깊은 진리"가 있다고 세키구치 쓰기오 씨는 지적합니다(《서양 사상 종단기》): 이와 마찬가지로 인간 사회의 역사에도 무수한 갈지자를 통해 관통되는 객관적 법칙성이 있는 것 아닐까? 다만, 역사를 만드는 행위를 하는 와중에 그 갈지자를 만들어 내는 당사자는 그 법칙성을 자각하지 못한다. 예상 밖의 일을 반복하며 우여곡절 끝에 진리에 도달한 뒤에 되돌아보면, 이제까지의 우여곡절이 결코 헛수고가 아니며 그 자체로 충분히 의미 있는 것이었고, 그런 길을 더듬어 왔기에 지금 이 도달점에 설 수 있었다고 실감하게 되듯이. 하지만 그 우여곡절의 와중에는 그저 이유도 모른 채 무턱대고 헤매고 다니기만 하는 것처럼. 이처럼 모든 역사적 사건들을 관통하는 객관적 법칙성은 사건들이 막을 내린 후에야 비로소 알게 된다.

그래서 헤겔은 "미네르바의 올빼미는 황혼에 날개를 편다"고 말합니다.

역사철학: 세계사의 드라마를 '관람'하기

미네르바는 그리스 신화에 나오는 지혜의 여신으로, 올빼미는 그의 메신저이자 상징입니다. 헤겔은 "미네르바의 올빼미"라는 말로 철학을 표현합니다. 올빼미는 낮이 끝나고 밤이 돼서야 날아오르는데, 이처럼 철학은 역사적 사건들이 끝난 뒤에야 비로소 그 의미에 대해 생각하고, 그 속에 나타난 객관적 법칙성을 깨닫는 일을 한다고 말입니다. "우리는 결과로부터 거꾸로 과거를 보게 되므로, 예컨대 스무고개로 질문하는 청중처럼 아직 자신이 무엇을 바라는지도 모른 채 발버둥 치는 불쌍한 인간들의 모습을 마치 신의 입장에 선 것처럼 유유히 구경할 수 있다. 이 관람을 가리켜 헤겔은 '역사철학'이라고 불렀다. 그리고 그 발버둥 치는 소란 한가운데로 조용한 발걸음으로 한 발 한 발 내딛는 '신의 뜻이 실현되는 계획', 이 계획(줄거리)을 변증법적 메토

데Methode[방법]라고 불렀다"(세키구치 쓰기오).

"역사에서 벌어지는 '신의 뜻이 실현되는 계획'도, 무대에서 벌어지는 각본의 줄거리도 반드시 도중에 '혼란'이 생긴다. … 게다가 뛰어난 걸작의 각본일수록 혼란은 심하다. 대단한 혼란이 벌어지지 않는 각본은 졸작"이라고 세키구치 씨는 덧붙입니다. 즉, 헤겔에 따르면, 세계사는 신의 손으로 만들어진 대걸작 드라마이고, 게다가 1막을 보면 남은 줄거리를 대충 짐작할 수 있는 그런 서툰 드라마가 아니라는 겁니다. 파란만장한 '혼란'으로 채색돼 있기에 그 드라마는 진정으로 극적인 것인데, 이 '혼란'을 진짜 혼란으로 여기며 대걸작 드라마를 이해하지 못한 것이 지금까지의 철학자들이었다고요. 하지만 그렇다고 지금까지 철학자들이 헛짓만 했다거나 바보 같은 짓만 되풀이해 왔다는 건 아닙니다. 그것은 없어서는 안 될 우여곡절이었고, 그런 우여곡절을 거쳤기에 비로소 이 대걸작에 대한 자기 이해가 지금 헤겔 철학의 형태로 가능하게 됐다는 것이 헤겔의 생각입니다.

철학자도 세계사라는 드라마 밖에 있는 것이 아니라 그 무대 위에 있으며, 그 드라마의 각 장에서 자기반성을 대표하고 있다고 합니다. "철학자들은 버섯처럼 땅에서 솟아나는 것이 아니다. 그들은 그 시대, 그 국민의 과실이다. 국민의 가장 미묘하고 가장 귀중하고 가장 눈에 띄기 어려운 과즙이 철학 사상 속을 맴돌고 있다. 노동자의 손을 빌려 철도를 건설하는 것과 똑같은 정신이 철학자의 두뇌 속에서 철학 체계를 건설한다. 두뇌가 위장 안에 있지 않다고 해서 인간의 외부에 있다고 할 수 없는 것처럼, 철학은 세계의 외부에 있는 것이 아니다."[65] 마르크스가 젊은 시절에 쓴 이 말은 헤겔의 사상을 충실히 전달한 것이었습니다.

'절대정신'의 자기실현 과정인 세계사

그런데 지금까지 저는 편의를 위해, 세계사라는 현실 드라마의 외부에서 그 줄거리를 쓴 신이라는 작가가 따로 존재하는 듯한 투로 서술해 왔습니다. 또, 헤겔 자신도 여기저기서 그런 식으로 말하고 있습니다. 그러나 이것이 꼭 헤겔의 본심은 아닙니다. 역사철학은 세계사의 드라마를 관람하는 것이라고 헤겔이 말할 때 그 객석은 무대 밖에 있지 않습니다. 그는 그 관람 자체가 드라마의 일환이며 무대 위에서 이뤄지는 것이라고 했는데, 이처럼 그 드라마의 각본도 드라마 외부에서 누군가가 주는 것이 아니라 드라마가 전개되는 과정 자체 안에서 몰래 쓰이는 것이라고 합니다.

그러면, 어떤 힘이 그 각본을 써 내려가는 걸까요? 드라마의 주인공들, 즉 역사를 창조하는 개인들의 행동의 합성으로 나타나며 그 개인들의 의식을 넘어선 커다란 힘, 역사에 내재하는 어떤 힘이 쓰는 것이라고 헤겔은 대답합니다. 헤겔은 그런 힘을 "세계정신" 또는 "절대정신"이라 불렀습니다. 세계의 역사는 절대정신의 자기실현 과정이고, 철학의 역사는 그 절대정신의 자기 인식 과정이라는 것입니다.

더 자세히 보기

엥겔스는 블로흐에게 보낸 편지에서 역사유물론, 즉 사회과학의 원칙적 관점의 출발점이 다음과 같다고 설명하는데, 그것은 지금까지 언급해 온 헤겔의 역사철학 속에 있는 합리적 요소에 대한 설명으로 읽을 수 있습니다.

> 역사는 언제나 수많은 개인 의지들의 충돌로부터 마지막 결과가 나오는 식으로 만들어집니다. 이들 각각의 개인 의지는 수많은 특수한 생활 조건에 의해 지금과 같이 만들어집니다. 따라서 거기에는 서로 교차하는 무수한 힘, 힘의 평행사변형의 무수한 집합이 있는 셈이며 그 가운데서 하나의 합성력(역사적 결실)이 생겨나는 것입니다. 그리고 이 합성력 자체는 다시 전체로서 무의식과 무의지에 작용하는 어떤 힘의 소산이라고 볼 수 있습니다. 왜냐하면 각 개인이 원하는 바는 여타 각 개인에 의해 방해받으며, 그 결과로 생겨나는 것은 그 누가 원한 것도 아니기 때문입니다.[66]

이 "어떤 힘"을 신비화해서 헤겔은 "세계정신"이나 "절대정신"으로 불렀던 것입니다. 우리라면 "역사의 객관적 법칙성"이라고 부르겠죠.

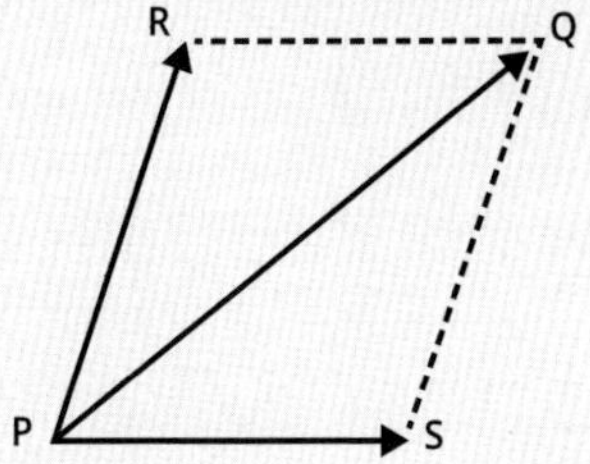

"힘의 평행사변형"이란, 예컨대 그림으로 봅시다. P에 놓인 공에 R 방향으로 R까지 굴러갈 만큼 힘을 가하고 그와 동시에 S 방향으로 S까지 굴러갈 만큼 힘을 가하면, 두 방향의 힘이 합성돼 공은 Q 방향으로 Q까지 굴러갑니다. 이때 PQ는 PR과 PS를 두 변으로 하는 평행사변형의 대각선과 같습니다. 즉, P→R이라는 벡터(방향을 가진 힘)와 P→S라는 벡터에서 합성되는 P→Q라는 벡터는 P→R과 P→S에 의해 만들어지는 평행사변형의 대각선으로 표시할 수 있습니다. 이 경우 P→Q는 합성 벡터, 이에 대해 P→R과 P→S는 각각 분分 벡터라고 불립니다.

즉, 역사의 움직임 하나하나는 무수한 분分 벡터로 이뤄진 하나의 합성 벡터로 파악될 수 있습니다. 더구나 이렇게 일어난 역사적 사건들은 새로운 무수한 벡터를 낳고, 그렇게 해서 역사의 전체적인 행보는 P→1→2→3→4→… 라는 갈지자 경로를 더듬게 됩니다. 이 경우, P→1, 1→2

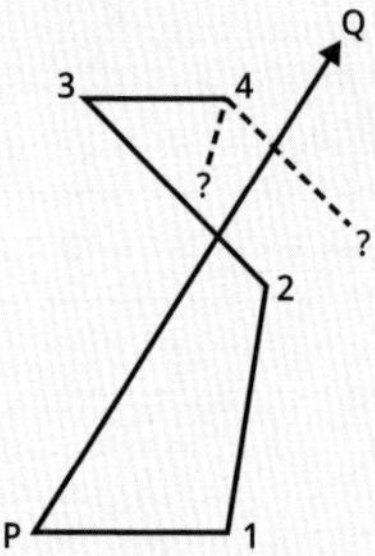

등은 그 자체로 이미 무수한 분 벡터의 합계(즉, 합성 벡터)인 셈인데, 역사의 전체 방향은 이들 P→1, 1→2 … 각각을 모두 분 벡터로 하는 거대한 합성 벡터 P→Q로 표시됩니다. P→1, 1→2 등등의 합계는 결국 P→Q와 동일하지만, 그렇다고 P에서 Q로 일직선으로 진행될 수는 없습니다. 역사란 바로 P→1→2→3→4→…의 과정 자체입니다. 그리고 그것을 관통하며 P→Q가 실현돼 가는 것입니다. 헤겔은 "오히려 P→Q라는 화살표 자체를 세계의 본체로 보고 이것을 절대정신이라고 부른다. 역사(즉, P→1→2→3→4→…의 선)는 역학 법칙에 따라 이 절대정신과 동일하다는 방정식이 성립된다. 이것이 헤겔 철학 전체의 바탕에 있는 방정식이다"(세키구치) 하고 말할 수 있겠죠.

헤겔의 변증법은 모든 사물의 드라마를 파악하려 한다

헤겔 철학의 커다란 의의는 이런 역사적 관점을 모든 사물에 관철하려 한 데 있습니다. 자연, 사회, 인간 정신의 여러 현상들이 펼치는 모든 드라마를 이해하려 한 것입니다. 그리고 이 드라마들의 보편적 법칙성을 변증법이라는 말로 표현했습니다.

더 자세히 보기

그러므로 헤겔은 본질적으로는 인간도 역사적인 존재라고 봤습니다. 불변의 인간성 따위는 그에게는 헛된 말이었습니다. '인간 본성'이라고 보통 일컬어지는 것을 앞서 본 그림의 P라 하고, '인간이 도달해야 할 이상理想의 경지' 같은 말로 보통 생각되는 것을 Q라고 해 봅시다. 세키구치 씨는 다음과 같이 씁니다.

'인간이란 무엇인가?' 하는 물음에 보통 사람들은 '그것은 P다' 하고 답한다. 이상가는 '그것은 Q다' 하고 답한다. … 헤겔 이전의 철학자는 신(=Q)과 인간의 본질(=P) 사이에 큰 구별이 있다고 보고 '인간은 P→Q다' 하고 답했다. 거기에 헤겔이 등장해 '아니다. 인간은 P→1→2→3→4→5→…→Q다! 즉, 인간이란 역사다!' 하고 답한 것이다.

물론 "역학 법칙에 따르면 P→1→2→3→4… 등의 합계는 결국 P→Q와 같"습니다. 그렇다고 "그러면 둘 다 같은 말 아니냐"고 생각하는 한, 변증법을 이해할 수 없습니다. "헤겔 철학이 무엇이냐는 물음에 가장 예리하게 답을 내놓자면 다음과 같을 것이다. 헤겔 철학이란 결국! 하고 생각했을 때 툭 하고 빠져 버리는 그 뭔가다!" 무엇이 빠져 버린 거냐고 한다면, 그것은 "시간에 따른 발전"입니다. 즉, "'삶의 현실의 모습'이 몽땅" 빠져 버립니다.

내친 김에 살펴봅시다. '헤겔 철학은 참선參禪과 통하는 데가 있다'고 해석하는 사람들이 가끔 있습니다. 하지만 다음을 살펴본다면 그 둘이 언뜻 보아 닮았으나 얼마나 다른지를 분명히 알 수 있습니다. 세키구치 씨에 따르면, "불교에서는 각양각색의 사람들 속에 각각 하나의 불성佛性이 있다고 본다. '인인구족 개개원성人人具足 箇箇圓成'이 그것이다. 물론 이런 사고방식은 예로부터 서양에도 존재했다. 이 관점에서 본다면, '인간이란 무엇인가'를 알기 위해 굳이 세계사를 찾을 필요가 없다. 왜냐하면 사람들 각자가 자신의 마음을 잘 들여다보면 거기에는 모든 분 벡터가 완전하게 갖춰져 있기 때문이다. 그래서 달마가 그 방식으로 어지간히도 철저하게 면벽구년을* 한 것이다. 그런데 헤겔 입장에서는 '그건 틀렸다!'는 게 된다." 왜냐하면 "인간은 시간에

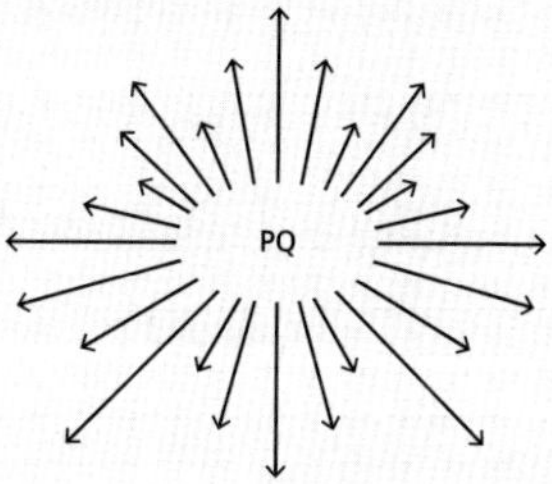

* 면벽구년 달마가 중국 쑹산산 소림사에서 9년 동안 벽을 보고 좌선해 도를 깨달았던 것을 이르는 말 — 옮긴이.

따라 움직이는 무언가"인데, 앞의 그림에서 보듯이 그것은 "시간과 발전과 역사를 무시한 인간관"이기 때문입니다.

즉, 이 그림에서 "개별 분 벡터의 합계는 0이 돼" 버립니다. "시간을 계산에 넣지 않았기" 때문입니다. 따라서 P는 곧 Q가 되며, '인간은 PQ다'라는 답이 나오는데, 이것은 변증법의 견해와는 본질적으로 다르다는 것이죠.

여기에는 참선 등에서 말하는 '깨달음'의 특징도 드리워져 있다고 할 수 있습니다. 즉, "P에서 Q에 이르는 두 점 사이의 최단 거리가 직선이라고 해서," P와 Q 사이를 "번쩍하고 합선시켜 퓨즈를 날려 버리면 그 때문에 이성과 지혜, 감정, 그 밖의 모터가 전부 멈춰 버리는 결과를 초래하게" 됩니다. 이와 달리, 드라마란 P→Q라는 "이 짧은 합성 벡터를 수많은 분 벡터로 나누고 끝없는 회로를 만들고, 변압기와 여타의 설비를 설치해서" 인간의 마음속에만 잠재하는 "희로애락, 감격, 번민, 동경, 초조, 야심, 원한, 반성, 심사, 그 밖의 온갖 마음과 머리의 모터를 윙윙거리며 회전시키는 것"이고, "어떤 특수한 국면에 완전히 돌입한 끝에 비로소 눈앞에 전개되기 시작하는 예상 밖의 새로운 국면"을 그려 내는 것이라고 세키구치 씨는 씁니다. '드라마의 이론'으로서 변증법의 본질을 꿰뚫는 말이라고 할 수 있습니다.

헤겔 철학의 자기모순

그런데 이렇게 동적인 세계관을 명확히 내세우는 헤겔의 철학은 동시에 기묘하게도 그 정반대의 요소도 안고 있었습니다. 앞서 살펴본 것처럼 역사의 드라마라는 무대 위에 자신을 세워 놓고는, 거기서 자신에게 부여한 역할이라는 게 전혀 동적이지 않은 역할, 즉 스스로 행동하지 않고 그저 구경만 하는 역할이었다는 점입니다.

독일 고전철학 전반을 특징짓는 계급적 성격이 여기서도 분명하게 나타납니다. 요컨대, 라인강 건너편에서 프랑스 혁명이라는 대활극이 펼쳐지고 있는데도, 그저 바라보기만 할 뿐 단 한 발짝도 내딛으려 하지 않던 독일 부르주아지의 태도가 헤겔 철학에도 짙은 그림자를 드리우고 있습니다.

이래서야 자신을 역사의 드라마라는 무대 위에 세워 놓았다 해도 그것은 그저 형식에 그칠 수밖에 없습니다. 더구나 하나의 역사적 시대가 막을 내린 뒤에야 미네르바의 올빼미가 나타난다고 하니, 또 헤겔 철학이야말로 철학사의 총결론이고 절대정신이 자기 인식을 하는 과정의 완성이라고 하니, 이제 역사의 드라마 자체도 대단원의 막에 접어들었음을 의미하게 됩니다. 이는 치명적인 자기모순이 아닐 수 없습니다. 게다가 이 대단원의 내용인 즉 당시 절대주의적 전제專制하에서 정체 상태를 벗어나지 못하고 있던 독일의 사회 생활이라고 진지하게 주장하기까지 합니다.

대놓고 드러낸 속물근성이라고나 할까요. 차라리 헤겔이 심술궂은 농담을 하는 게 아닐까 생각될 정도입니다.

헤겔 철학의 체계

그건 그렇고, 우리가 사회의 역사를 관통하는 법칙성 가운데서 세계의 보편적 법칙성의 구체적 현상을 발견하는 것처럼, 헤겔도 세계사의 변증법의 근저에 있는 더욱 보편적인 것을 문제 삼고 있습니다. 다만, 역사의 법칙성을 끊임없이 움직이는 절대정신으로 신비화했던 것처럼, 그 바탕에 있는 보편적 법칙성을 끊임없이 자신을 펼치는 '절대이념'으로 신비화해 이해했고, 이것이 헤겔의 철학 체계 전체의 출발점이 되고 있습니다.

여기서 헤겔 철학의 체계를 대략 살펴봅시다.

우선, 알기 쉽게 다음과 같은 조각가를 상상해 주세요. 그 조각가에게 "내재하는 미의식"의 "자주적 활동"([일본의 시인] 타카무라 코오타로오), 이것이 출발점입니다: 그 미의식은 이윽고 자신을 표현하지 않고는 못 견딜 만큼 성숙해 간다. 멈출 수 없는 충동에 이끌려 그의 손은 펜을 집어 들고 종이 위에 소묘를 그려 본다. 그 소묘가 차츰 입체감을 갖추고 무언가를 호소하기 시작했을 때 그는 점토를 집어 들고, 또는 나무나 돌을 향해 심혈을 쏟아붓는다. 형태를 갖춰 가는 조각상은 차츰 생기를 띠고 눈을 깜빡이며 몸을 흔들어 그 입술에서 신비한 말을 흘리기 시작한다.

이 조각가의 머릿속에 무르익은 미의식, 그것은 소묘나 조각상에 앞서는 이른바 '원형'입니다. 조각상의 '이념'이라고 해도 되겠죠.

그런데 역사적으로 펼쳐지는 인간의 세계를 신이라는 명장의 손에서 만들어진 살아 있는 조각상에 비유한다면, 헤겔이 말하는 '절대이념'은 인간의 세계가 펼쳐지기에 앞서 신의 마음속에서 성숙해 가는 관념적 원형, 그 이념에 해당하게 됩니다. 그것을 "절대이념"이라고 부르는 이유는, 신이라는 조각가가 말 그대로 달리 견줄 바 없는 유일 절대의 조각가이고, 신이 창조하는 살아 있는 조각상으로서 역사적으로 펼쳐지는 인간 세계도 유일 절대의 조각상이며, 비슷한 것이 여기저기 존재하는 상대적인 것이 아니기 때문입니다.

이 절대이념의 성숙 과정, 즉 소묘나 조각상에 앞서는 과정을 다루는 것이 헤겔 철학 체계 제1부인 논리학입니다. 왜 그것을 '논리학'으로 다루는가 하면, 저는 편의상 신을 조각가에 비유했지만 헤겔 자신은 대륙의 이성주의 전통에 서서 이성을 감성보다 우위에 뒀기 때문에, 헤겔이 말하는 신은 먼저 이성 자체이고, 따라서 예술가의 머릿속 '미의식'의 작용 대신 이성의 논리적 작용을 그 주제로 삼기 때문입니다. 그래서 헤겔은 자신의 논리학을 "천지창조 이전 신의 나라에 대한 서술"이라고 부릅니다.

자, 그런데 "천지창조 이전 신의 나라"에서 펼쳐지는 신의 드라마가, 즉 순수한 이론의 자기실현이 갈 데까지 가면, 그것은 자신을 표현하지 않고는 못 견딜 충동에 이끌리고 이 절대적 조각가의 머릿속에서 성숙한 것은 우선 종이 위의 소묘로서 '외화'되는데, 이런 절대이념의 외화로 자연계가 나타난다고 헤겔은 주장합니다. 그러나 마치 소묘가 종이라는 물질에 평면적으로 속박돼 있는 것처럼, 당분간 자연계는 생동하는 논리인 절대이념이 생명 없는 물질에 속박된 형태로 초라하게 나타납니다. 그런 자연계는 진정한 발전을 모르는, 즉 단순한 순환 운동을 특징으로 한다고 헤겔은 주석을 답니다. 논리학의 세계에서 신 내면의 드라마가 구체적인 형태를 얻는 대신에 자연계는 형해화되고 평탄화된다는 것입니다.

그러나 명장의 손에서 탄생한 소묘가 차츰 입체감을 갖춰 가듯이, 생명 없는 자연계 안에서도 차츰 생명이 싹을 틔우고 초보적인 의식이 성장해 갑니다. 이런 입장에서 자연계를 무기물無機物의 세계에서 동물의 세계에 이르기까지 다루는 것이 헤겔 철학 체계의 제2부인 자연철학입니다.

그리고 이런 소묘를 바탕으로 드디어 생동하는 조각상이, 즉 역사적으로 펼쳐지는 인간의 세계가 조각돼 가는데, 이 과정을 다루는 것이 역사철학을 포함하는 철학 체계의 제3부인 정신철학입니다.

명장이 조각한 조각상에 피가 흐르고 영혼이 깃들고 그 조각상이 움직이며 말을 하듯이, 인간 세계라는 살아 있는 절대적 조각상에서 고동치는 피, 이 피에 깃든 영혼 자체가 바로 절대정신이며, 그것이야말로 절대이념의 살아 있는 드러남이고, 이 조각상이 흘리는 신비한 최후의 말이 바로 헤겔 철학 자체인 셈입니다.

헤겔 철학에 나타난 관념론적 물구나무

지금까지 조각가 이야기를 빌려 헤겔 철학 체계의 줄거리를 설명했습니다. 그런데 그 조각가가 인간이라면 그의 미의식은 처음부터 외부와의 접촉 속에서 자라나고, 아름다움이라는 관념을 형상화할 모형도, 그 수단인 종이나 흙이나 나무나 돌도 모두 외부에서 얻을 수 있습니다. 그러나 유일 절대의 존재자인 신은 그럴 수 없습니다. 마술처럼 모든 것을 자기 안에서 끄집어내야 합니다. 즉, 자기만으로 자신을 생각하고, 자기만으로 자신을 외화하고, 자기만으로 자신을 조각할 수밖에 없습니다. 그야말로 초고난도의 곡예라고 해야겠죠.

그러나 모든 마술에 눈속임과 장치가 있는 것처럼, 헤겔의 마술에도 제대로 된 눈속임과 장치가 갖춰져 있었습니다. "천지창조 이전 신의 나라에 대한 서술"이라는 그의 논리학은 바로 외부 대상에 대한 인간의 사고 과정을 '원형'으로 해서 빚어낸 것입니다. 그리고 인간의 사고 과정을 관통하는 법칙성의 '원형'도 외부 세계의 객관적 법칙성에 있습니다. 다시 말해, 인간의 사고는 수십만 년에 걸쳐 실천 과정의 피드백을 받으며 외부 세계의 객관적 법칙성을 능동적으로 반영하는 속에서 단련된 것입니다. 그런데 관념론자인 헤겔은 이 관계를 물구나무세워서 이해합니다. "헤겔은 [인간의 — 지은이] 사고 과정을 독립된 주체로 만들어, 그것을 [절대 — 지은이]이념이라 칭하고 현실 세계의 창조자로 본다"고 마르크스가 지적한 것처럼 말입니다.[67] 거대한 의의가 있는 헤겔의 '드라마의 이론'이 앞서 본 것처럼 여기저기 일그러지고 결국 스스로를 배신하게 된 이유는 그 출발점이었던 관념론적 물구나무와, 이에 기초한 기묘한 구조물, 즉 그의 철학 체계 때문이었습니다.

그렇다 해도, "이런 구조물은 그의 작업에 쓰인 틀이고 발판일 뿐"이라고 엥겔스는 말합니다.[68] 머리가 뱅뱅 돌 것 같은 난해한 틀과 발판에도 불구하고 헤겔의 머리는 셸링과 달리 냉정함과 착실함을 잃지 않았습니다. 관념론적 분장을 하고도 헤겔은 자연, 사회, 인간 정신이라는 [세계의] 모든 영역에서 "그것을 관통하는 발전의 실마리를 찾아내고 확인하려 애썼"으며, "창조적 천재였을 뿐 아니라 백과사전처럼 박식한 사람이었기 때문에 도처에서 획기적인 역할을 했"습니다. 이것이 헤겔의 위대함입니다. 헤겔 철학의 관념론적 틀 앞에 "쓸데없이 멈춰 서지 말고, 더 깊이 이 거대한 건축물 속으로 들어가 보면 그곳에는 오늘날에도 충분히 가치 있는 무수한 보물이 있다"고 할 수 있습니다.[69]

헤겔 철학의 좌우 분열

헤겔 철학은 "이전의 어떤 체계와도 비교할 수 없을 만큼 광대한 영역을 포괄하고, 그 광대한 영역에서 오늘날 사람들도 경탄할 정도로 풍부한 사상을 발전시켰"기[70] 때문에 금세 한 시대를 풍미했습니다. 헤겔 철학은 "철학계의 논적을 모조리 격퇴하고, 누가 봐도 정복될 수 없고 논파될 수 없는 천하무적임을 보여줬다"고 한 철학자는 썼습니다.[71] "사물을 사고하는 독일인 치고 헤겔 철학에 대해 일가견을 갖지 않고 배길 사람이 없을 정도였고, 이론가든 실천가든 내로라하는 인물로 주목받는 사람들은 모두 이 철학의 신봉자가 되고, 더 나아가 그 뒤를 따라 종복이 되기에 이르렀"을 정도였고, "철학적이지 않은 사람들조차 당시에는 '절대적 관념론'이라는 향기로운 술에 정신이 팔렸다"고 합니다.[72]

엥겔스도 "그것은 개선 행렬과도 같았고, 20~30년 동안이나 계속됐고, 헤겔이 죽은 뒤에도 좀처럼 사그라들지 않았다"고 말합니다. 그뿐 아니라 헤겔 철학 특유의 용어나 문체가 유행처럼 번졌고, 헤겔 철학의 "반대자들조차 많든 적든 그것에 감염"되는 형편이었기에, "헤겔적 견해는 의식적으로 또는 무의식적으로 더

없이 다양한 학문 분야에 이루 말할 수 없을 만큼 침투"해 통속적 서적이나 일간신문에까지 막대한 영향을 끼쳤다고 합니다.[73]

"그러나 모든 전선에 걸친 이 승리는 내부 투쟁의 서막에 불과했다"고 엥겔스는 이어 갑니다.[74]

이미 살펴봤듯이 헤겔의 철학은 자기모순을 품고 있었습니다. 자기 완결적 성격의 체계와 어떠한 자기 완결도 허용하지 않는 동적인 드라마 이론인 변증법적 세계관 사이의 모순입니다. 헤겔 철학이 한 시대의 공감을 획득한 것은 사실이지만, 그 공감이 주로 어느 측면에 대한 것이었는지에 따라 갈 길이 달라졌습니다. 당연하게도, 자기 완결적이고 관념론적인 체계에 공감한 사람들은 정치적으로 보수파에 속하는 사람들이었고, 정치적 보수파는 동시에 종교적 보수파였습니다. 그들을 '헤겔 우파'라고 합니다.

이와 달리, 헤겔의 변증법적 세계관에 깊이 공감한 사람들 — 다수는 젊은 세대였습니다 — 은 헤겔을 뛰어넘어 변증법의 견해를 바로 현실의 드라마 속에 관철시키려고 노력했고, [헤겔주의] 우파의 속물성에 격하게 반발하면서 비판적이고 혁명적인 경향을 강화해 갔습니다. 그들은 '청년 헤겔주의자'(또는 '헤겔 좌파'나 '헤겔 신新파')라고 불립니다.

슈트라우스와 청년 엥겔스

전제정하에 있던 당시 독일에서는 직접적인 정치 비판을 하기에는 수많은 장애물이 있었기 때문에 청년 헤겔주의자들의 비판은 먼저 정치의 뒷배였던 종교를 향했습니다. "장수를 잡으려면 먼저 그의 말을 쏘라"는 거죠. 그 깃발을 최초로 올린 인물이 다비트 프리드리히 슈트라우스(1808~1874년)였습니다. 그는 대작 《예수의 생애》를 써서, 신약성서에 기록된 예수의 기적 이야기는 원시 그리스도교의 태내에서 무의식적으로 형성돼 전승된 신화라고 주장했습니다.

엥겔스(1820~1895년)가 18살 청년일 때 처음으로 사상적 광명을 찾아낸 것도 슈트라우스의 이 책에서였습니다. 엥겔스는 완고한 보수주의자이자 완고한 칼뱅주의 기독교인이며 면방직 공장 경영주인 아버지에 크게 반발하면서도 집안에 깊이 뿌리박힌 신앙에서 결정적으로 벗어나지 못하고 유년 시절부터 고민하고 있었는데, 《예수의 생애》(1835)를 출판된 지 4년 후에 접하게 됐습니다. 청년 엥겔스는 친구에게 편지를 써서, 슈트라우스 덕분에 눈뜨게 된 기쁨을 몇 번이고 말했습니다. 그는 《예수의 생애》를 "논박하기 어려운 저작"이라며,[75] "나는 이제는 열렬한 슈트라우스주의자가 됐다네. … 슈트라우스는 젊은 신처럼 나타나서 혼돈을 백일하에 드러냈어."[76] "나는 슈트라우스의 깃발에 선서하네"[77] 하고 외칩니다. 그리고 슈트라우스에 이끌려 헤겔 철학, 특히 그 역사의 드라마 이론을 연구하는 데 몰두하게 됩니다. "나는 지금은 슈트라우스를 통해 곧장 헤겔주의에 도달했네.

… 나는 헤겔의 역사철학을 공부하고 있는데, 이건 장대한 저작이야. 나는 매일 밤 의무처럼 이 책을 읽고 있네. 이 거대한 사상이 무서울 정도로 나를 감동케 한다네"[78] 하고 씁니다.

브루노 바우어와 청년 마르크스

슈트라우스를 이어 종교 비판의 두 번째 깃발을 올린 인물은 브루노 바우어(1809~1882년)였습니다. 신약성서의 예수 이야기는 [슈트라우스의 주장과 달리] 무의식적 신화 형성의 산물이 아니라 복음서 작가의 의식적이고 작위적인 산물이라는 것이 바우어의 주장이었습니다. 바우어의 그리스도교 비판은 슈트라우스보다 더 급진적인 반향이 있었습니다. 베를린의 젊은 급진적 지식인들이 앞다퉈 바우어 주위로 모였고, 바우어를 리더로 한 헤겔 좌파 그룹이 형성됐습니다. 그리고 그 속에는 엥겔스보다 2살 많고 당시 19살 대학생이던 마르크스(1818~1883년)도 있었습니다.

5장

과학적 세계관의 등장
: 마르크스주의 철학의 형성

1. 청년 헤겔주의의 소용돌이 속에서

마르크스와 엥겔스는 어디서 출발했는가

앞서 봤듯이, 젊은 마르크스와 엥겔스는 모두 '청년 헤겔주의자'의 일원으로 출발했고, 혁명적 민주주의의 입장에 서서 그 무기를 헤겔 철학 속에서 단련하려고 노력했습니다.

청년 엥겔스가 "거대한 사상이 무서울 정도로 나를 감동케 한다네" 하고 말한 헤겔의 변증법적 세계관, 그것은 아직 관념론의 옷을 입은 채로 청년 마르크스의 마음도 강하게 휘어잡고 있었습니다.

"진실의 말을 홀로 알고 세계의 모든 정신에 정면으로 맞선, 저 확신에 차고 눈이 멀 듯한 관념론. 그것은 퇴보하는 유령들이

던지는 그림자 앞에서도, 때로는 시대의 검은 구름이 드리운 하늘 앞에서도 결코 물러서지 않고, 신 같은 힘과 남성다운 확신에 찬 눈빛으로 모든 변모와 생성을 통해 언제나 세계의 심장에 불타는 하늘의 불을 봤다"고[1] 마르크스는 자신의 박사학위 논문 헌사에 기록합니다.

프로메테우스의 선언

이윽고 23살이 되는 청년 마르크스는 아직은 관념론의 틀에 사로잡혀 있었지만, 바우어의 영향을 받아 이미 단호한 무신론에 도달해 있었습니다. 그는 1841년 3월 자로 쓴 박사학위 논문의 서문에서 다음과 같이 씁니다.

> 세계를 정복하려는 그 절대로 자유로운 심장 안에서 단 한 방울의 피라도 고동치는 한, 철학은 자신의 반대자들을 향해 에피쿠로스와 함께 끊임없이 이렇게 외칠 것이다.
> "널리 속된 신들을 거부하는 자 불경하거나 악덕하지 않으며,
> 신들에 대한 억측에 사로잡힌 자들이야말로 불경하고 악덕한 무리다."
> 철학은 이를 감추지 않는다. 프로메테우스가 한 말, "솔직히 말하지. 모든 신을 나는 증오한다." 이것이 철학의 본래 신조다. 인간의 자기의식이 최고의 신이라는 것을 인정하지 않는 하늘과 땅의 모든 신들에 대한, 철학 본연의 외침이다. 어떤 것도 인간의 자기의식

에 견줄 수 없다.

시민사회에서 철학의 지위가 언뜻 저하한 것에 득의양양하는 한심한 3월의 토끼들[어리석은 속물 — 지은이]에게* 철학은 프로메테우스가 신들의 사자 헤르메스에게 한 말을 반복하며 답한다.

"설사 어떤 불행한 운명이 나를 기다린다 해도
나는 그것을 너와 같은 노예 신세와 바꾸려는 생각이 들지 않는다.
아버지 제우스의 충복으로 전령 노릇을 하느니
이 바위와 함께 죽는 편이 낫겠다!"

프로메테우스는 철학의 역사에서 가장 고귀한 성자이고 순교자다.[2]

프로메테우스는 신 제우스에게서 불을 훔쳐 인간에게 준 죄로 캅카스산山 바위에 벌거벗겨져 쇠사슬로 묶인 채 매일 독수리에게 창자를 쪼아 먹히는 벌을 받았다고 합니다. 유명한 그리스 신화의 한 이야기죠. 마르크스는 위와 같이 쓰면서 앞으로 자신에게 닥칠 일을 예감하면서, 그러나 단호하게 그에 맞설 결의를 다졌을 것입니다.

"인간의 자기의식이 최고의 신"이라는 것은 바우어의 영향을

---

* 3월의 토끼《이상한 나라의 앨리스》에서 주인공 앨리스가 찾아낸 다과회를 여는 토끼로, 머리에 지푸라기를 꽂고 있다. 영어 관용구 '3월의 토끼처럼 미친'(as mad as a March hare)에서 따온 말이다 — 옮긴이.

받은 생각입니다. 바우어는 헤겔이 '절대이념'이라고 부르며 신비주의의 옷을 입혀 준 것의 정체가 다름 아닌 인간의 자기의식이라고 생각했고, 인간의 자기의식이야말로 역사의 진정한 창조자라고 주장했습니다. 신약성서의 이야기는 복음서 작가가 의도적으로 꾸며 낸 것이라는 그의 견해도 이런 철학에서 파생된 것이었습니다.

셸링에게 보내는 조가弔歌

학위논문을 마친 마르크스가 베를린을 떠나자 그와 엇갈려 스무 살의 청년 엥겔스가 베를린에 도착합니다. 엥겔스는 1년간 지원병으로 포병부대에서 근무했는데, 자유시간에는 바우어 그룹과 어울리거나 베를린대학교에 청강하러 갔습니다. 그곳에서는 셸링이 강의를 하고 있었습니다.

셸링은 헤겔의 명성에 밀려난 후 철학을 점점 더 '시詩'로, 아니 술주정으로 변질시키며 세상에서 잊힌 것과 다름없는 몰락의 삶을 살고 있었습니다. 그러나 헤겔이 죽고 10년 뒤 청년 헤겔주의자들의 활약에 애를 먹고 있던 정부가 그들의 대항마가 될 것을 기대하며 셸링을 불러들인 것입니다.

셸링은 바득바득 헤겔이 자신의 제자로 출발했으면서 자신의 사상을 훔친 것도 모자라 그것을 어떻게 왜곡했는지를 말하며 신비한 '계시 철학'을 설교하고 있었습니다. 엥겔스는 즉시 펜을 들고 잇따라 논문과 소책자를 써서 정면으로 셸링에게 비판을 퍼부었습니다.

"그[셸링]가 젊었을 때는 다른 사람 같았다"고 엥겔스는 씁니다. "당시 그는 잃어버린 대륙(아틀란티스)을, 즉 절대적인 것을 발견하기 위해 자유롭고도 대담하게 사상의 바다로 나갔으며, 그 대륙과 닮은 형상이 신비롭게도 힐끗거리는 신기루 속 먼 바다 끝에서 분명하게 떠오르는 것을 그는 몇 번이나 보았던가! 그때는 청춘의 불꽃이 모두 영감의 불꽃이 돼 그에게서 샘솟았고, 이 신에 취한 예언자는 새 시대를 예언했다. 그는 자신을 사로잡은 영혼에 마음을 빼앗겨 종종 자기 말의 의의를 스스로 알지 못했다. 그는 철학적 사고의 문을 활짝 열어젖혔다. 그 덕분에 자연의 신선한 숨결이 추상적 사고 사이로 불고 따뜻한 봄의 빛이 범주(카테고리)의 종자 위에 내려앉아, 졸고 있던 모든 힘을 깨웠다. 그러나 불은 완전히 타 버리고, 기력은 사라지고, 발효하는 과즙은 맑은 술이 되기도 전에 시큼한 식초가 됐다. 의기양양하게 파도를 가르며 약진하던 과감한 배는 제자리로 되돌아와서는 바닥이 얕은 신앙의 항구로 들어가 용골을 단단히 모래 속에 처박고는 지금도 그 자리에 끼인 채로 있다. 그것은 실제로 그곳에 가로누워 있으며, 이 지치고 낡은 배가 한때는 돛에 바람을 가득 안고 깃발을 나부끼며 출항한 그 배라고 알아챌 사람은 아무도 없다. 이미 벌써 돛은 썩고, 돛대는 부러지고, 깨진 뱃전에는 파도가 흘러들어 밀물이 날마다 새로운 모래를 용골 주변에 퍼나른다."[3]

출항 준비 완료!

그러나 "다른 항구에는 출항 준비를 마친 당당한 군함 한 무리가 있다"고 엥겔스는 이어 갑니다. "헤겔은 의식의 낡은 시대를 완성함으로써 의식의 새 시대를 연 사람"이고, 청년 헤겔주의자들이야말로 이 새 시대의 담지자라고요. "새 아침이 시작됐다. 그것은 동쪽 미명의 어둠에서 밝고 자유로운 그리스적 의식이 비집고 나왔던 저 아침과도 같은 세계사적 아침이다. 태양이 떠오르고 모든 봉우리에서 공희供犧[공양으로 바치는 희생]의 불이 그 태양을 미소로 반기며 모든 망루에서 울리는 낭랑한 뿔피리 소리가 아침이 도래했음을 알린다."[4]

엥겔스는 이 문장을 당시 청년 헤겔주의자가 공유하던 철학적 입장에서 쓰고 있습니다. 그러나 동시에 포이어바흐(1804~1872년) 사상의 영향이 이미 강력하게 나타나기 시작했음도 보여 줍니다. 그리고 이 루트비히 포이어바흐의 철학이야말로 마르크스와 엥겔스를 유물론의 입장으로 확고하게 서게 한 다리였습니다.

그래서 다음으로는 포이어바흐의 철학과 그것이 마르크스와 엥겔스에게 미친 영향을 대략 살펴보려 합니다.

2. 포이어바흐를 극복하며

속박의 사슬은 끊어졌다

포이어바흐는 헤겔의 직계 제자로 출발했지만, 일찍부터 반反신학 입장을 분명히 하고 헤겔 철학을 정면으로 비판하는 데로 나아간 인물입니다. 특히, 1841년 봄에 출간된 그의 저서 《기독교의 본질》은 바로 유물론이 진정한 철학이 취해야 할 유일한 원칙적 입장임을 선언하고, 관념론의 전통 속에서 성장해 온 독일 지식층 — 당시 가장 급진적이던 청년 헤겔주의자들조차 종교 비판 투쟁을 벌이면서도 그 속박에서 아직 벗어나지 못하고 있었다는 점은 이미 살펴본 바와 같습니다 — 에게 커다란 충격을 줬습니다. "속박의 사슬은 끊어졌다. … 이 책의 해방적 작용은 스스로 체험해 본 사람이 아니고서는 상상할 수도 없다"고[5] 엥겔스도 나중에 회고합니다.

《기독교의 본질》에 담긴 포이어바흐의 주장을 우선 엥겔스의 요약에 따라 옮겨 보면 다음과 같습니다. "자연은 모든 철학에서 독립해 존재한다. 자연이 토대이고, 스스로도 자연의 산물인 우리 인간은 자연에서 나고 자라 왔다. 자연과 인간 외에는 아무것도 존재하지 않는다. 그리고 우리의 종교적 상상이 창조한 지고의 존재 같은 것은 우리 자신의 본질이 상상으로 나타난 것일 뿐이다."[6]

너 자신을 알라

포이어바흐는 원래 이 저서를 "너 자신을 알라"는 제목으로 출간할 예정이었습니다. '너 자신을 알라.' 사실 바로 이것이 포이어바흐의 철학 전체를 관통하는 모티브이며 그의 종교 비판도 그 입장에서 수행됐습니다.

> 무엇 때문에 믿음은
> 이렇게도 인간을 괴롭히는가?
> 믿음은 인간을 인간이게 만드는 것을 인간에게서 빼앗아 가기 때문이다.

포이어바흐는 이미 청년 시절에 쓴 한 논문의 부록에서 위와 같이 썼습니다(수구 세력의 분노를 산 이 논문을 발단으로 그는 평생 대학에서 쫓겨나게 됩니다).

[그의 견해를 요약하면 다음과 같습니다:] 신이 자신의 모습을 본떠 인간을 만든 게 아니다. 인간이 자신의 모습을 본떠 신을 만든 것이다. 그런데도 인간은 자신의 상상이 지어 낸 것 앞에 머리를 조아려 왔다. 인간이여, 꿈에서 깨어나 일어서라! "인간적인 것만이 진실이고 현실적인 것이다." 한때는 신학만이 진정한 철학이라고 했다. 헤겔이 세운 절대이념의 철학도 결국은 신학의 변주에 불과하다. 신학과의 악연을 끊어 내라! 신학이 아닌 인간학,

이것이야말로 진정한 철학의 자격이어야 한다. "새로운 철학은 인간의 토대인 자연을 포함한 인간 자신을 철학의 유일하고 보편적인 최고의 대상으로 한다."

이것이 그가 시종일관 변함없이 강조한 기조였습니다.

포이어바흐에 대한 공명과 찬가

엥겔스는 앞에서 소개한 셸링 비판 소책자 —《기독교의 본질》의 출판 연도와 같은 해 연말에 집필한 소책자 — 에서, 포이어바흐가 "헤겔이 아직 낡은 것 속에 깊이 잠겨 있"음을 비난하다가 헤겔 철학의 적극적 요소를 간과한 데 불만을 터트리면서도, 그리고 아직 바우어적인 표현을 부분 부분 남기면서도 아래와 같이 썼습니다. 이는 사실상 엥겔스가 포이어바흐가 말한 "새로운 철학"의 입장을 전면 수용하며 그에 공명하고 있음을 보여줍니다.

> 우리는 긴 잠에서 깨어나고, 가슴을 짓누르던 악몽이 사라지고, 눈을 비비며 놀라서 주위를 둘러본다. 모든 것이 변했다. 우리에게 그토록 타자화돼 있던 세계, 그 비밀스런 힘들이 원혼처럼 우리를 위협하던 자연, 그것들은 이제 우리에게 너무도 가깝고 너무도 친근한 것이 됐다! … 자연의 더없이 소중한 자식인 인간은 청년기의 기나긴 투쟁 끝에, 길고 긴 소외 끝에 자유로운 인간으로서 어머

니 곁으로 돌아가, 투쟁 속에 죽어 나간 적들의 모든 망령으로부터 자신의 어머니를 감싸면서, 자기 자신과의 분리, 자신의 가슴속 분열까지도 극복했다. 언제부터 시작했는지도 모를 길고 긴 격투와 노력 끝에 자기의식이라는 밝은 태양이 그의 머리 위로 떠올랐다. 자유롭게 그리고 힘차게, 자신감과 자부심을 가지고 그는 그곳에 서 있다.[7]

같은 시기 마르크스도 포이어바흐에 푹 빠져 있었습니다. 연인인 예니(후에 마르크스의 아내)를 만날 때도 포이어바흐의 책을 몇 장씩 찢어 주머니에 넣고 가서는 깜박하고 연인의 방에 두고 올 정도였습니다. "당신의 친구 루트비히(포이어바흐)를 발기발기 찢어 그 어린잎을 여기에 남겨 뒀답니다. … 흩어진 종잇조각을 보관해 두세요" 하고 예니는 마르크스에게 편지를 보냈습니다.[8]

"도대체 누가 '체계'의 비밀을 폭로했는가? 포이어바흐다. 누가 개념의 변증법을, 철학자만이 알고 있던 신들의 싸움을 멸망시켰는가? 포이어바흐다. 낡은 잡동사니 대신 … '인간'을 놓은 것이 누구인가? 포이어바흐다. 그리고 포이어바흐가 유일하다." 이 말은 마르크스와 엥겔스가 최초로 공저한 《신성가족》에 기록된 포이어바흐에 대한 찬가입니다.[9]

포이어바흐 유물론의 약점

포이어바흐의 역사적 의의는 "유물론을 단도직입적으로 다시 왕위에 올려놓"았다는 점과,[10] 유물론이야말로 "자연과학의 모든 학설에 충실하고 미신이나 신앙 따위와 적대하는 오직 하나의 한결같은 철학"임을[11] 다시금 제시했다는 데 있습니다. 그러나 포이어바흐의 유물론은 커다란 결함도 안고 있었습니다.

한마디로 말해, 인간이 신을 만들었다고 지적하면서 왜 인간이 신을 만들게 됐는지는 문제 삼지 않는다는 것입니다. 다시 말해, 인간을 초월한 신 따위는 존재하지 않는다면서 인간이야말로 신이라고 주장한다는 점입니다. 신으로 숭배해 온 것의 정체는 인간이라고 말할 뿐 아니라, 인간이야말로 신으로 숭배돼야 한다고 말합니다. 이렇게 되면, '인간학으로서 철학을'이라는 주장도 사실은 '인간 종교'라고나 할 만한 주장으로 귀결돼 버립니다.

이것은 포이어바흐가 헤겔의 관념론을 파괴함과 동시에 그의 변증법까지도 내다 버린 데서 비롯합니다. 즉, 신을 인간으로 환원한 것까지는 좋았는데, 핵심인 인간을 역사적으로 이해하지 못하고 지극히 추상적으로 이해해 버린 거죠. 이 때문에 어떤 역사적 맥락에서 인간이 종교라는 형태로 자신을 소외시켜 왔는지를 이해하지 못했고, 따라서 종교적 사고가 인간의 불변의 본질인 양 보고는 결국 그 종교적 사고의 대상을 신이 아닌 추상적 인간으로, 말하자면 신을 한 껍질 벗긴 데 지나지 않는 것으로 치환해 버리게 된 것입니다.

이런 약점 때문에 포이어바흐의 철학은 의도상으로는 유물론의 입장에 서고자 하면서도 인간·사회·역사의 구체적 모습을 다루는 데서는 헤겔의 관념론 철학보다도 한참 후퇴해 버린 공허한 내용이 될 수밖에 없었습니다. 포이어바흐가 거기에서 제자리걸음하게 된 이유는 그가 — 결코 자신의 의지는 아니었지만 — 일찍이 농촌에서 은둔 생활을 하며 주로 그 고독한 머릿속에서 사색의 실을 뽑아낼 수밖에 없던 사정과 관련 있습니다. 그러나 인간·사회·역사의 구체적 모습에 파고드는 과제야말로 마르크스와 엥겔스가 자신들의 인생에서 무엇보다 절실한 과제로 여기고 착수한 것이었습니다.

천상에 대한 비판에서 지상에 대한 비판으로

그래서 마르크스는 이미 〈정치·무역·상업을 위한 라인신문〉[〈라인신문〉의 정식 명칭]에서 활동하는 길을 선택했던 것입니다. 그 신문은 당시 라인란트의 부르주아 자유주의자들이 막 창간한 것이었는데, 마르크스는 처음에는 기고자로, 곧이어 편집자로 그 신문을 사실상 혁명적 민주주의를 위한 기관지로 만들어 갔습니다. "대체로 진정한 철학은 그 시대의 정신적 정수다. 따라서 철학과 그 시대의 현실 세계가 내적으로 그 내용에서도 서로 접촉하고 작용할 뿐 아니라, 외적으로 그 표현에서도 서로 접촉하고 작용할 때가 반드시 도래해야 한다"고[12] 마르크스는 말합니다. "진정한 이론은 구체적 상황 속에서, 또한 현존하는 관계들에 근거해서 분명해지고 해명돼야 한다"고도[13] 말했습니다. 뒤집어 말하면, 그런 임무를 견딜 때 비로소 진정한 이론, 진정한 철학임이 증명된다는 것입니다. 포이어바흐의 추상적 유물론이 이를 견딜 수 없다는 점은 분명했습니다.

〈라인신문〉에 대한 탄압 때문에 편집자 자리에서 물러난 마르크스는 우선 헤겔 법철학을 비판적으로 연구하는 데 몰두했습니다. 헤겔의 법철학은 관념론에 기초하면서도 더없이 구체적으로 "현존하는 관계들"을 분석한 것이었고, 그런 분석이야말로 포이어바흐에게 가장 결여돼 있던 것이었습니다. 마르크스는 그 연구 성과를 바탕으로 쓴 "헤겔 법철학 비판 서설"을 파리로 이주한 뒤 발행한《독불연보》에 발표하며, 철학이 나아가야 할 구체적인 방향을 힘차게 암시했습니다.

종교 비판은 포이어바흐에 의해 본질적으로는 완결됐으나 비판은 거기서 끝나서는 안 된다고 마르크스는 주장합니다: 신은 인간으로 환원됐다. 이제는 그 인간을 구체적으로 이해해야 한다. "인간, 그것은 세계 바깥에 웅크리고 있는 추상적 존재 같은 것이 아니다. 인간은 바로 인간의 세계이고 국가이며 사회다. 이 국가, 이 사회가 뒤집힌 세계이므로 뒤집힌 세계의 의식인 종교를 낳는다."[14] 따라서 종교 비판은, 종교를 만들어 내고 지탱하는 현실 사회에 대한 비판으로 나아가야 한다.

그런 비판은 상상에서 위안을 찾을 필요가 없는 진정으로 인간다운 인간 사회의 실현을 지향하는 것이라고 마르크스는 강조합니다: 그런 방향으로 나아갈 때 비로소 헤겔 철학에 대한 진정한 비판이 완수된다. 왜냐하면 헤겔 철학은 현존하는 사회질서를 이론적으로 총괄한 것이기 때문이다. 그러나 헤겔 철학은 관념론적이긴 해도 또한 역사의 드라마 자체를 파악하려는 웅대한 시도이기도 했다. 이것을 비판적으로 계승하지 않고서는 현존하는 역사의 드라마를 올바르게 전진시킬 수 없다. 헤겔 철학을 간단히 내다 버릴 게 아니라 그것을 변증법적으로 부정해야만, 오로지 그것을 통해서만 현대의 진정한 철학이 모습을 드러낼 것이다.

철학의 담지자로서 프롤레타리아를 발견하다

그렇다면, 진정으로 인간다운 인간 사회의 실현을 위한 지금의 역사 드라마를 이끌어 나갈 현실의 주인공은 어디에 있는가 하고 마지막에 마르크스는 묻습니다. 그러고는 그것은 "프롤레타리아다" 하고 답합니다.

왜냐하면 프롤레타리아는 현실의 조건들에 의해 비인간적이기 이를 데 없는 조건을 강요받고 있는 존재이기 때문이라고요. 즉, "사회의 모든 영역으로부터 자신을 해방시키지 않고는, 따라서 사회의 다른 모든 영역을 해방시키지 않고는 자신을 해방할 수 없는" 계급이기 때문이라고 말입니다.[15]

> 그러므로 철학은 프롤레타리아 속에서 그 물질적 무기를 발견한다. 마찬가지로, 프롤레타리아는 철학에서 그 정신적 무기를 발견할 것이다. … 해방의 두뇌는 철학이고 그 심장은 프롤레타리아다.[16]

마르크스는 이 말을 아마도 포이어바흐가 한 다음 말을 염두에 두면서 써 내려갔을 것입니다. "진정한 철학자, 생활과 인간과 하나가 된 철학자는 프랑스인과 독일인의 피를 이어받은 자여야 한다. … 우리는 프랑스인을 어머니로, 독일인을 아버지로 삼아야 한다. 마음 — 여성적 원리, 유한한 것에 대한 감각, 유물론의 자리 — 은 프랑스적이고, 두뇌 — 남성적 원리, 관념론의 자리 — 는 독일적이다. 마음은 혁명적이고 두뇌는 개혁적이다. 두뇌는 사물을 완성하고 마음은 운동하게 한다. 그러나 운동, 격동, 열정, 피, 감성이 있는 곳에만 정신 또한 있다."

포이어바흐의 이 말은 다분히 "감성"적, "감각"적으로 흘러 버려서 모호한 구석이 있지만, 독일 고전철학의 적극적인 전통과, 프랑스의 유물론과 혁명 운동이 결합될 필요성을 그 나름으로 강조한 것이라고 할 수 있습니다. 마르크스는 거기에 구체적인 내용을 부여한 것입니다.

그즈음 마르크스는 포이어바흐에게 《독불연보》 집필에 협력해 달라고 요청하는 편지를 썼습니다. 마르크스는 포이어바흐도 추상적 유물론의 한계를 뛰어넘어 전진하기를 기대했던 것입니다. 그러나 포이어바흐는 정중하게 이를 거절했습니다. 그리고 그 뒤 포이어바흐는 사상적 전진을 볼 수 없었습니다.

한때 절친했던 선배 바우어들[바우어 형제]로 말하자면, 그들은 포이어바흐보다 더 이전 단계에서 제자리걸음하고 있었습니다. 그뿐 아니라, '자기의식'의 철학을 "모든 현실을 초월하고, 당파와 정치를 초월하고, 모든 실천 활동을 부인하고, 주변 세계와 그곳에서 벌어지는 여러 사건들을 그저 '비판적'으로 관조하기만 하는 것"으로 '성장'시키고 있었습니다. 그리고 "높은 곳에서 내려다보며 프롤레타리아를 무비판적인 대중으로 취급하는" 헛된 자기만족에 젖어 있었습니다.[17]

그러나 엥겔스는 이와는 완전히 다른 방향으로, 즉 마르크스가 나아가기 시작한 방향으로 독자적으로 힘차게 전진하고 있었습니다. 엥겔스도 진정으로 인간다운 인간 사회의 실현을 책임질 현실의 힘으로서 프롤레타리아를 발견하고 있었습니다.

과학의 메스를 자본주의 사회 내부로

"엥겔스는 이런 프롤레타리아를 영국에서, 영국의 산업 중심지인 맨체스터에서 알았다." 그는 병역을 마치고 "맨체스터로 가서 부친이 출자한 회사에서 수습사원으로 일했다. 그곳에서 엥겔스는 그저 회사 사무실에 앉아 있지만은 않았다. 그는 노동자가 사는 빈민가를 이곳저곳 돌아다니며 자신의 눈으로 그들의 빈곤과 고통을 본 것이다. 그러나 그는 자신의 관찰에만 만족하지 않고 영국 노동계급의 상태를 자신보다 먼저 다루며 분명하게 밝힌 글을 모두 읽고 입수할 수 있는 모든 공문서를 면밀히 연구했다."[18] 그 성과는 후에 《영국 노동계급의 상태》(1845년)로 정리됐습니다.

청년 엥겔스가 쓴 이 저서를 두고 레닌은 다음과 같이 말합니다.

엥겔스 이전에도 프롤레타리아의 고통을 묘사하고 그들을 도울 필요를 지적한 사람은 매우 많았다. 엥겔스는 프롤레타리아가 고통받는 계급**으로만 머무르지 않는다**는 점, 프롤레타리아가 놓인 비참한 경제적 지위 자체가 거스를 수 없는 힘이 돼서 프롤레타리아를 앞으로 떠밀어 스스로 종국적 해방을 위해 투쟁하게 만들 것이라는 점을 **처음으로** 말한 사람이었다. 그리고 투쟁하는 프롤레타리아는 **스스로 자신을 구할** 것이다. 노동계급의 정치 운동은 노동자들이 사회주의 말고는 활로가 없다는 것을 반드시 자각하게 만들 것이다. 한편, 사회주의는 노동**계급 정치** 투쟁의 목표가 될 때만 비로소 하나의 힘이 될 것이다. 이것이 영국 노동계급의 상태를 다룬 엥겔스 저서의 근본 사상이다. 이것은 오늘날에는 생각하고 투쟁하는 프롤레타리아 전체가 받아들이고 있는 견해이지만, 당시에는 완전히 새로운 것이었다. 이런 견해가, 사람들의 마음을 끌어당기는 필치로 쓰여지고 영국 프롤레타리아의 고통에 대한 가장 신뢰할 만한, 마음을 뒤흔드는 묘사로 가득한 책에서 주장된 것이다. 이 책은 자본주의와 부르주아지에 대한 무서운 고발장이었다.[19]

이런 사상을 키우며 엥겔스는 당시 영국의 노동운동 활동가들과 교류하고, 영국의 사회주의 출판물에 기고하고, 포이어바흐가 가장 몰랐던 학문 분야인 경제학에 대한 비판적 연구에 착수했습니다. 경제학이 바로 자본주의 사회의 해부학이기 때문입니다. 그 성과는 "국민경제학 비판 대강"이라는 저술로 집필돼 앞서 소개한 마르크스의 "헤겔 법철학 비판 서설"과 나란히 《독불연보》에 발표됐습니다.

엥겔스의 이 저술에 크게 자극을 받은 마르크스도 경제학 비판 연구에 정열적으로 뛰어들기 시작했습니다. 그리고 "헤겔 변증법 및 철학 일반에 대한 비판"과 18세기 이후 프랑스와 영국의 사회주의·공산주의 사상과 운동에 대해 밤낮없이 연구했고, 그 속에서 새로운 세계관이 차츰 구체적인 모습을 띠며 결실을 맺어 갔습니다. 그리고 1844년 영국에서 독일로 돌아가던 엥겔스가 파리에 있는 마르크스의 집을 방문했을 때 두 사람은 모든 이론적 영역에서 서로의 견해가 일치하고 있음을 발견하고는 크게 기뻐했고, 그때부터 평생을 변치 않은 두 사람의 공동 작업이 시작됐습니다.

3. 새로운 세계관과 과학적 사회주의

철학사 총결산

지금까지 살펴본, 마르크스와 엥겔스의 새로운 세계관이 형성된 과정은 이 새로운 세계관이 인류의 가치 있는 모든 유산의 집대성이자 철학사 2000년의 총결산임을 말해 줍니다.

철학사의 출발을 장식한 이오니아 자연학의 자생적 유물론과 자생적 변증법은 관념론과 형이상학의 도전으로 단련되면서 갈지자 행보를 거쳐, 한편으로는 프랑스 유물론으로 다른 한편으로는 헤겔의 변증법으로 결실을 맺었습니다. 다만, 프랑스 유물론은 형이상학적 약점이 있었고, 헤겔의 변증법은 관념론적으로 일그러져 있었습니다. 마르크스와 엥겔스가 세운 새로운 세계관은 이런 약점과 일그러짐을 걷어 내고 유물론과 변증법을 처음으로, 본격적으로, 의식적이고 내적으로 결합시켰다는 역사적 의의가 있습니다.

이 결합은 포이어바흐의 철학과 달리 "모든 개별 과학 위에 군림하면서 모든 개별 과학을 총괄하는 모든 과학의 과학"이라는[20]

의미의 철학 속에서 이뤄진 것이 아닙니다. 프랑스 유물론의 바탕이 된 영국 경험론은 영국 고전경제학의 바탕이기도 했습니다. 이미 지적했듯이, 홉스나 로크는 최초의 경제학자이기도 했습니다. 유물론은 [마르크스와 엥겔스가] 이런 영국 고전경제학의 성과를 비판적으로 딛고 서면서도 현실 자본주의 사회의 해부학인 경제학을 확립함으로써, 비로소 포이어바흐와 같은 추상성을 극복할 수 있었으며, 프랑스 유물론에서도 볼 수 있었던 약점, 즉 사회·역사 분야에서는 사실상 관념론에 빠져 버린 약점을 극복하고 사회·역사 분야에까지 수미일관된 유물론이 될 수 있었던 것입니다.

사회주의는 과학이 됐다

그렇게 해서 처음으로 사회주의는 또한 과학이 될 수 있었습니다. 프랑스 계몽주의자들과 유물론자들 속에서 고동치던 인류 진보에 대한 확신과 자유·평등·우애 사회에 대한 열정은 19세기 초 공상적 사회주의자에게 계승됐지만, 그들의 약점도 고스란히 계승됐습니다. "세계는 지금까지 오로지 편견에 의해 인도돼 왔다. 과거는 모두 동정과 멸시에 상응할 뿐이다. 이제 비로소 날이 밝았다. 미신·부정·특권·억압을 대신해 이제부터는 영원한 진리, 영원한 정의, 자연에 기초한 평등, 양보할 수 없는 인권이 나타난다"는 것이 프랑스 계몽주의자들와 유물론자들의 신념이었습니다.[21] 그런데 공상적 사회주의자들은 바로 그와 똑같이 다음처럼 주장했던 것입니다. "이들 계몽주의자의 원칙에 근거해 만들어진 부르주아 세계도 역시 비이성적이고 부정한 것이고, 따라서 봉건제나 이제까지의 모든 사회 상황과 마찬가지로 쓰레기통에 처박힌다. 이제껏 진정한 이성과 정의가 이 세상에서 행해지지 않았던 것은 오직 그것들을 올바로 인식한 사람이 없었기 때문이다. 바로 천재적 개인이 결여돼 있던 것이다. 마침내 그 천재가 출현했고 그가 진리를 인식했다. 이 천재가 지금 출현해 진리가 마침내 지금 인식됐다는 것은 역사 발전의 과정에서 필연적으로 나타나는 불가피한 사건이 아니라 완전히 우연한 행운이다. 이런 천재가 500년 일찍 태어나는 일도 충분히 가능했을 것이고, 또 만약 그랬다면 인류는 그 500년에 걸쳐 잘못과 투쟁과 고통을 경험하지 않아도 됐을 것이다"[22] 하고요.*

---

* 엥겔스가 공상적 사회주의자들의 주장을 조금 과장해 묘사한 게 아닌가, 아무리 그래도 그들이 "천재적 개인"을 자처했겠어 하고 생각하는 사람들이 있을지도 모르겠습니다. 그러나 엥겔스는 매우 충실하게 그들의 주장을 전하고 있습니다. 참고로, 공상적 사회주의자 중 한 명인 샤를 푸리에의 저서에서 한 구절을 소개하겠습니다. 그는 다음과 같이 썼습니다. "나는 1000명이나 되는 사람들이 나 이전에 할 수도 있었을 일을 했을 뿐이다. 그러나 나는 단 하나의 목적을 향해 아직 아무도 이르지 못한 길을 아무런 단서도 없이 걸어왔다. 스무 세기 동안에 걸친 정치적 어리석음을 타파하는 것은 바로 나 하나면 충분할 것이다. 그리고 현재에서 미래에 이르는 각 세대가 그들의 끝없는 행복의 주도권을 맡길 사람은 바로 나 하나다. 나 이전의 인류는 닥치는 대로 자연과 싸

사회주의가 이런 공상적이고 관념적인 성격을 띠고 나타난 데는 그만한 이유가 있었습니다. 대체로 말하면 사회주의는 착취와 억압이 없는 사회를 바라는 사상이자 운동을 가리킵니다. 그러니 그런 개략적 의미에서라면 사회주의적 사상과 운동은 착취와 억압이 출현한 이래, 즉 사회가 여러 계급들로 분열한 이래 항상 존재했다고 할 수 있습니다. 그러나 그런 사회를 실현할 현실의 조건은 자본주의 사회 이전에는 존재하지 않았습니다. 그래서 고대나 중세에는 착취와 억압이 없는 사회의 이미지가 유토피아(이상향)로* 그려질 수밖에 없었고, 흔히 종교의 옷을 입고 상상적으로 제시될 수밖에 없었던 것입니다. 사회주의를 그저 이상향이 아닌 현실의 것으로 다룰 수 있는 조건은 자본주의 사회와 함께 처음으로 생겨났습니다. 그러나 그 조건이 이제 겨우 싹을 틔우기 시작했다는 시대적 제약 때문에, 착취와 억압이 없는 사회의 실현을 지향한 근대 사회주의 선구자들의 정열도 역시나 공상적인 것에 의지할 수밖에 없었던 것입니다.

우며 수천 년을 낭비해 왔다." 마르크스와 엥겔스 이전의 사회주의는 많든 적든 이런 '예언자'가 이끄는 종파적인 운동의 색채가 농후했습니다.

* "유토피아는 그리스 말로 '우(ou) 토포스(topos)'다. 그리스어로 '우'는 '없다', '토포스'는 '장소'란 의미다. 그러므로 유토피아란 존재하지 않는 장소라는 뜻이며, 상상·가공·동화다"(レーニン「二つのユートピア」 レーニン全集18, p.380[레닌, "두 개의 유토피아"]).

따라서 마르크스와 엥겔스가 기초를 놓은 새로운 세계관은 착취와 억압이 없는 사회 실현을 지향하며 벌어진 이제까지의 온갖 악전고투와 모색들 — 종교적 상상의 옷을 걸친 것들을 포함해 — 이 드디어 맺은 결실이기도 합니다.

인류의 가치 있는 모든 유산의 집대성으로서

이런 궤적을 살펴봤기에 이제 우리는 다음과 같은 레닌의 말을 충분히 실감하며 무게 있게 받아들일 수 있을 것입니다.

> 철학의 역사와 사회과학의 역사가 명명백백하게 보여 주듯이, 마르크스주의에는 세계 문명 발전의 큰 길에서 벗어난 어딘가 폐쇄적이고 경직된 학설이라는 의미의 종파주의 같은 구석이 없다. 반대로, 인류의 선진적 사상들이 이미 제기한 문제들에 답을 했다는 점, 그것이 바로 마르크스의 천재성이다. 그의 학설은 철학·경제학·사회주의의 가장 위대한 대표자들의 학설을 즉각적이고 직접적으로 계승한 것으로서 탄생한 것이다.[23]

> 마르크스는 인간 사회가 만들어 낸 것을 단 한 가지도 빠트리지 않고 비판적으로 바로잡았다. 인간의 사고가 만들어 낸 것을 모두 바로잡고 이것을 노동운동으로 검증하고 비판해, 부르주아적 형식에 갇히거나 부르주아적 편견에 사로잡힌 사람들은 도저히 이끌어

낼 수 없었던 결론을 끌어냈다.[24]

이 "결론," 즉 과학적 사회주의 이론을 마르크스와 엥겔스가 이룩한 새로운 세계관인 과학적 세계관 속에 자리매김하고 그 형성 과정을 돌아보면서, 다시 한 번 레닌의 말로 마무리하겠습니다. 다음은 25살 청년 레닌이 엥겔스의 죽음 직후 그를 애도하며 쓴 말입니다.

> 헤겔 자신은 전제정 프로이센 국가의 숭배자로 베를린대학교 교수로서 이 국가에 봉직하고 있었으나 그럼에도 헤겔의 학설은 혁명적이었다. 인간 이성과 이 이성의 권리에 대한 헤겔의 신념과, 세계에서는 변화와 발전의 과정이 부단하게 이뤄지고 있다는 헤겔 철학의 근본 명제에 이끌려서, 이 베를린 철학자의 제자들 가운데 현실과의 화해를 구하지 않는 사람들은, 현실과 투쟁하는 것, 현존하는 부정이나 널리 행해지는 해악과 투쟁하는 것 또한 영원한 발전이라는 세계적 법칙에 근거한 것이라는 생각에 도달했다. 만약 모든 사물이 발전하는 것이라면, 만약 여러 제도가 차례로 교체되는 것이라면, 어떻게 프로이센 국왕이나 러시아 차르의 전제가, 방대한 다수의 희생에 의한 극소수의 부가, 인민에 대한 부르주아지의 지배가 영원히 계속되겠는가? 헤겔의 철학은 정신이나 이념의 발전을 논했다. 그것은 **관념론적**이었다. 그것은 정신의 발전으로부터 자

연과 인간, 그리고 인적·사회적 관계가 발전한다고 결론 내린다. 마르크스와 엥겔스는 영원한 발전 과정이라는 헤겔의 사상을 보존하면서도 관념론적 선입견은 내다 버렸다. 그들은 삶으로 눈을 돌림으로써, 정신의 발전이 자연의 발전을 설명하는 것이 아니라 반대로 자연과 물질로부터 정신을 설명해야 한다는 것을 알았다. … 헤겔이나 여타 헤겔주의자들과는 반대로 마르크스와 엥겔스는 유물론자였다. 세계와 인간을 유물론적으로 관찰한 결과 그들은 모든 자연 현상의 근저에 물질적 원인이 있는 것처럼 인간 사회의 발전도 물질적 생산력에 달려 있다는 것을 알았다. 인간의 욕구를 충족시키기 위해 필요한 물질적 생산 속에서 인간이 서로 맺는 관계는 생산력 발전에 따라 결정된다. 그리고 그 관계들에 따라 사회생활의 모든 현상, 인간의 지향, 관념, 법률이 설명된다. 생산력 발전은 사적 소유에 바탕을 둔 사회관계를 만들어 낸다. 그러나 오늘날에는 생산력의 이와 같은 발전이 대다수로부터 재산을 빼앗아 극소수의 수중에 집중시키고 있음을 보게 된다. 이 발전은 현대 사회체제의 기초가 된 소유를 폐기한다. 이 발전 자체가, 사회주의자가 목표로 삼은 것과 같은 목표를 향해 전진하고 있는 것이다. 사회주의자가 해야 할 일은, 현대 사회에서 차지하는 지위를 볼 때 어떤 사회 세력이 사회주의를 실현하는 데서 이해관계를 갖는지를 이해하고, 이 세력에게 자신의 이익과 역사적 임무에 대한 의식을 부여하는 것, 이것뿐이다. 이 세력은 바로 프롤레타리아다.[25]

후주

1장

1 ルネ·デュボス『人間であるために』野島·両氏共訳より引用 [국역: 르네 뒤보스, 《인간이기 위하여》, 현대인교양선서 36, 금성출판사, 1989].

2『家族, 私有財産および国家の起源』マル·エン全集21, pp.99-100 [국역: 엥겔스, 《가족, 사유재산, 국가의 기원》, 두레, 2012].

3 같은 책, pp.99-100.

4 같은 책, pp.99-100.

5『ドイツ·イデオロギー』マル·エン全集3, p.27 [국역: 마르크스·엥겔스, 《독일 이데올로기》, 두레, 2015].

6 같은 책, p.26.

7 같은 책, p.26.

8 같은 책, p.26.

9『哲学ノート』レーニン全集38, pp.243, 245 [국역: 레닌, 《철학 노트》, 논장,

1989].

10『哲学ノート』レーニン全集38, p.337 [국역: 《철학 노트》].

11『フォイエルバッハ論』マル·エン全集21, p.278 [국역: 엥겔스, 《루트비히 포이어바흐와 독일 고전철학의 종말》, 돌베게, 2015].

12『哲学ノート』レーニン全集38, p.337 [국역: 《철학 노트》].

13「出版の自由と州議会議事の公表とについての討論」マル·エン全集1, p.35 [국역: 마르크스, "제6차 라인주의회 의사록: 제1장 언론자유와 신분제의회 의사록의 공표에 관한 토론", 《청년 마르크스 저작선》, 백산서당, 2019].

14『ドイツ·イデオロギー』マル·エン全集3, p.27 [국역: 《독일 이데올로기》].

15 같은 책, p.27

16『フォイエルバッハ論』マル·エン全集21, p.308 [국역: 《루트비히 포이어바흐와 독일 고전철학의 종말》].

17 같은 책, p.279.

2장

1「古代化学の発祥地ミレトスを訪ねて」毎日新聞, 1974年2月5日夕刊 ["고대 과학의 발상지 밀레토스에 가다", 〈마이니치 신문〉, 1974년 2월 5일 자 석간].

2 같은 글.

3 같은 글.

4『自然の弁証法』マル·エン全集20, p.497 [국역: 엥겔스, 《자연변증법》, 새길아카데미, 2012].

5 같은 책.

6『反デューリング論』マル·エン全集20, p.144 [국역: 엥겔스, 《반 듀링론: 오이

겐 듀링 씨의 과학혁명》, 새길아카데미, 2012].

7『自然の弁証法』マル·エン全集20, p.509 [국역:《자연변증법》].

8 같은 책, p.364.

9 같은 책, p.364.

10 같은 책, p.350.

11『空想から化学へ』マル·エン全集19, p.199 [국역: 엥겔스,《공상에서 과학으로: 사회주의의 발전》, 범우사, 2006].

12 같은 책, p.199.

13『哲学ノート』レーニン全集38, p.319 [국역:《철학 노트》].

14『自然の弁証法』マル·エン全集20, p.364 [국역:《자연변증법》].

15『反デューリング論』マル·エン全集20, pp.125-126 [국역:《반 듀링론》].

16『哲学ノート』レーニン全集38, pp.222-223, 226-227 [국역:《철학 노트》].

17『夜空の星はなぜ見える』[《밤하늘의 별을 왜 볼 수 있을까》].

18『哲学ノート』レーニン全集38, p.327 [국역:《철학 노트》].

19『ドイツ·イデオロギー』マル·エン全集3, p.125 [국역:《독일 이데올로기》].

20『フォイエルバッハ論』マル·エン全集21, p.278 [국역:《루트비히 포이어바흐와 독일 고전철학의 종말》].

21 같은 책, p.279.

22『唯物論と経験批判論』レーニン全集14, p.150 [국역: 레닌,《유물론과 경험비판론(상)》, 돌베게, 1992].

23『空想から化学へ』マル·エン全集19, p.193 [국역:《공상에서 과학으로》].

24『資本論』第一分册, p.109 [국역: 마르크스,《자본론 1(상)》, 비봉출판사, 2015].

25『哲学ノート』レーニン全集38, p.330 [국역: 《철학 노트》].

26『空想から化学へ』マル·エン全集19, p.193 [국역: 《공상에서 과학으로 》].

27『哲学ノート』レーニン全集38, pp.252, 333 [국역: 《철학 노트》].

28 같은 책, p.252.

29 같은 책, p.252.

30 세네카는 친모 살해와 음란으로 유명한 로마제국 황제 네로의 소년 시절 스승이었습니다. 세네카는 황제 네로의 제일 측근으로 위세를 떨쳤고, 네로의 모친 살해 때 한몫한 인물이기도 합니다. 네로가 살해한 생모 아그리피나는 네로의 장인이자 선왕인 클라우디스의 조카딸이었습니다(네로의 부인은 뒤에 자신의 의붓오빠이자 남편인 네로에게 살해당합니다). 클라우디스의 셋째 부인(네로 부인의 생모)이 여러 남성과 외도 끝에 남편인 황제 클라우디스를 살해하려다 발각돼 죽임을 당하자, 아그리피나는 왕비 자리를 노리고 황제이자 큰아버지인 클라우디스의 넷째 부인 자리를 차지합니다. 이것이 아그리피나의 세 번째 결혼이었는데(네로는 첫 남편 사이에서 낳은 아들), 그녀는 클라우디스의 총애를 받던 해방 노예와 성관계를 갖고 그 대가로 그의 추천을 받아 왕비 자리에 오를 수 있었습니다. 그 뒤 큰아버지이자 남편인 황제를 독살해 권력을 쥐고는 자신의 친아들인 네로를 황제 자리에 앉혔습니다. 하지만 이번에는 친아들 네로와 권력 쟁탈전을 벌이다 패색이 짙어지자 자신의 친아들과 모자 상간(相姦) 관계를 맺어 세력 만회를 꾀했다고 합니다. 뭐가 뭔지 머리가 아플 정도로 복잡한데, 마치 오늘날 상류 사회의 모습을 보는 듯합니다. 사실 세네카를 네로의 스승으로 발탁한 사람은 아그리피나였습니다. 그때까지 세네카는 그녀의 여동생(황제의 조카딸)과 간통했다는 이유로 클라우디스와 그 셋째 부인에 의해 코르시카섬으로 8년의 유배형을 받았습니다. 그는 유배 생활 동안 '스토아적'으로 참고 견디기는커녕 수치심도 체면도 버리고 쉴 새 없이 사면 탄원서를 썼습니다. 그를 구명해 준 사람이 아그

리피나였습니다. 그런데 그는 자신의 '은인' 살해에 가담하는 것을 '견뎌내고'는 네로를 위해 자진해서 친모 살해 변명 연설문 초안을 작성했습니다. 이것이 스토아 학파의 철학자라니, 이 또한 황당한 얘기입니다. 세네카는 황제 네로의 측근으로 지내면서 왕의 하사금 외에도 속령에 대한 고리대금(브리튼 사람들이 대봉기를 벌인 이유 중 하나)과 해외 무역 등을 통해 막대한 부를 축적했습니다. 부와 지위의 덧없음을 주장하는 스토아 학파 철학과의 모순을 추궁당하자 그는 "철학자는 완전하지 않으며 완전해지려고 노력할 뿐이다", "철학자가 자신이 주장한 바를 실행에 옮기지 못했다 해도 그 주장 자체는 옳다" 등의 내용으로 논문을 발표해 변명했습니다. 이런 식의 궤변으로 그는 황제 네로의 거의 모든 연설문을 작성했습니다. 나중에 세네카는 네로와 사이가 틀어져 은퇴 생활을 하다 네로 암살 계획에 휘말려 자살을 명령받아 최후를 맞았습니다. 그제서야 그는 자신의 철학을 실천할 수 있었습니다.

31 『資本論』 第一分册, p.106 [국역: 《자본론 1(상)》].

32 「原始キリスト教の歴史によせて」 マル·エン全集22, p.453 [엥겔스, "원시 그리스도교의 역사에 붙여"].

33 같은 글, pp.460-461.

34 같은 글, p.445.

35 같은 글, p.456.

36 같은 글, p.461.

37 같은 글, p.450.

3장

1 『ドイツ農民戦争』 マル·エン全集7, p.349 [국역: 엥겔스, "독일 농민전쟁", 《칼 맑스·프리드리히 엥겔스 저작 선집》 2권, 박종철출판사, 2014].

2『フォイエルバッハ論』マル·エン全集21, p.309 [국역:《루트비히 포이어바흐와 독일 고전철학의 종말》].

3『ドイツ農民戦争』マル·エン全集7, p.349 [국역: "독일 농민전쟁"].

4 같은 책, p.349.

5『聖家族』マル·エン全集2, p.133 [국역: 마르크스·엥겔스,《신성 가족》, 도서출판 이웃, 1990].

6『哲学ノート』レーニン全集38, p.333 [국역:《철학 노트》].

7『聖家族』マル·エン全集2, p.133 [국역:《신성 가족》].

8 같은 책, p.133.

9『哲学ノート』レーニン全集38, p.252 [국역:《철학 노트》].

10『聖家族』マル·エン全集2, p.133 [국역:《신성 가족》].

11『フォイエルバッハ論』マル·エン全集21, p.309 [국역:《루트비히 포이어바호와 독일 고전철학의 종말》].

12『ドイツ農民戦争』マル·エン全集7, p.349 [국역: "독일 농민전쟁"].

13『フォイエルバッハ論』マル·エン全集21, p.309 [국역:《루트비히 포이어바호와 독일 고전철학의 종말》].

14『空想から化学へ』英語版序論, マル·エン全集22, p.304 [국역: "영어판 서문(사적유물론에 대하여)",《공상에서 과학으로》].

15 같은 책, p.304.

16『ドイツ農民戦争』マル·エン全集7, p.354 [국역: "독일 농민전쟁"].

17『フォイエルバッハ論』マル·エン全集21, p.310 [국역:《루트비히 포이어바흐와 독일 고전철학의 종말》].

18『ドイツ農民戦争』マル·エン全集7, p.354 [국역: "독일 농민전쟁"].

19 같은 책, p.359.

20『フォイエルバッハ論』マル·エン全集21, p.310 [국역:《루트비히 포이어바흐와 독일 고전철학의 종말》].

21 같은 책, p.305.

22『共産党宣言』マル·エン全集4, p.476 [국역: 마르크스·엥겔스,《공산당 선언》, 여러 판본이 있다].

23『空想から化学へ』英語版序論, マル·エン全集22, p.303 [국역: "영어판 서문(사적유물론에 대하여)"].

24 같은 책, p.303.

25『資本論』第二分册, p.936 [국역:《자본론 1(하)》].

26『自然の弁証法』マル·エン全集20, p.341 [국역:《자연변증법》].

27 같은 책, p.342.

28『空想から化学へ』英語版序論, マル·エン全集22, p.303 [국역: "영어판 서문(사적유물론에 대하여)"].

29『自然の弁証法』マル·エン全集20, p.343 [국역:《자연변증법》].

30『唯物論と経験批判論』レーニン全集14, p.102 [국역:《유물론과 경험비판론(상)》].

31『自然の弁証法』マル·エン全集20, p.343 [국역:《자연변증법》].

32 같은 책, p.343.

33『資本論』第二分册, p.936 [국역:《자본론 1(하)》].

34『共産党宣言』マル·エン全集4, pp.476-477 [국역:《공산당 선언》].

35『聖家族』マル·エン全集2, p.133 [국역:《신성 가족》].

36 같은 책, pp.133-134.

37 같은 책, pp.133-134.

38『資本論』第一分册, p.509 [국역:《자본론 1(상)》].

39『聖家族』マル·エン全集2, p.131 [국역: 《신성 가족》].

40『資本論』第二分册, p.981 [국역: 《자본론 1(하)》].

41「『ケルン新聞』第179号の社説」マル·エン全集1, p.119 [국역: 마르크스, "〈쾰른신문〉 제179호의 사설", 《청년 마르크스 저작선》, 백산서당, 2019].

4장

1『フォイエルバッハ論』マル·エン全集21, p.310 [국역: 《루트비히 포이어바흐와 독일 고전철학의 종말》].

2『ルイ·ボナパルトのブリュメール十八日』マル·エン全集8, p.107 [국역: 마르크스, 《루이 보나파르트의 브뤼메르 18일》, 비르투, 2012].

3 같은 책, p.109.

4『空想から化学へ』英語版序論, マル·エン全集22, p.304 [국역: "영어판 서문(사적유물론에 대하여)"].

5 같은 책, pp.304-305.

6『ルイ·ボナパルトのブリュメール十八日』マル·エン全集8, p.108 [국역: 《루이 보나파르트의 브뤼메르 18일》].

7 같은 책, p.109.

8『空想から化学へ』英語版序論, マル·エン全集22, p.305 [국역: "영어판 서문(사적유물론에 대하여)"].

9『ルイ·ボナパルトのブリュメール十八日』マル·エン全集8, p.108 [국역: 《루이 보나파르트의 브뤼메르 18일》].

10『空想から化学へ』英語版序論, マル·エン全集22, p.305 [국역: "영어판 서문(사적유물론에 대하여)"].

11 같은 책, p.305.

12 같은 책, p.306.

13 『資本論』 第二分册, p.945 [국역: 《자본론 1(하)》].

14 『哲学の貧困』 マル·エン全集4, p.171 [국역: 마르크스, 《철학의 빈곤》, 아침, 1988].

15 『ルイ·ボナパルトのブリュメール十八日』 マル·エン全集8, p.108 [국역: 《루이 보나파르트의 브뤼메르 18일》].

16 『賃金·価格·利潤』 マル·エン全集16, p.129 [국역: 마르크스, 《임금, 가격, 이윤》, 백산서당, 1990].

17 『聖家族』 マル·エン全集2, p.134 [국역: 《신성 가족》].

18 「内容と形式」 『夏目漱石全集10』 筑摩書房, 1988 [국역: 나쓰메 소세키, "내용과 형식", 《나츠메 소세키: 문명론》, 소명출판, 2004].

19 『フォイエルバッハにかんするテーゼ』 マル·エン全集3, p.3 [국역: "포이어바흐에 관한 테제", 《루트비히 포이어바흐와 독일 고전철학의 종말》].

20 같은 글, p.5.

21 같은 글, p.5 [엥겔스가 편집하기 전 마르크스의 테제는 《루트비히 포이어바흐와 독일 고전철학의 종말》, 이론과실천, 2008에 수록돼 있다].

22 같은 글, p.594.

23 『イギリス民主主義思想史』 新日本選書 [《영국 민주주의 사상사》, 신일본선서].

24 『空想から化学へ』 英語版序論, マル·エン全集22, p.296 [국역: "영어판 서문(사적유물론에 대하여)"].

25 『サイバネティックスとは何か』 [《사이버네틱스란 무엇인가》].

26 같은 책.

27 『資本論』 第二分册, pp.932-933 [국역: 《자본론 1(하)》].

28『経済学批判』マル·エン全集13, p.60 [국역: 마르크스,《정치경제학 비판을 위하여》, 중원문화, 1988].

29『聖家族』マル·エン全集2, p.134 [국역:《신성 가족》].

30 같은 책, p.135.

31『イギリスの状態』マル·エン全集1, pp.606-607 [엥겔스,《영국의 상태 1: 18세기》].

32 같은 책, pp.606-607.

33『聖家族』マル·エン全集2, p.135 [국역:《신성 가족》].

34 이상의 바클리의 주장은 레닌의 저작《유물론과 경험비판론》의 "서론을 대신해"(レーニン全集14, pp.13-35)를 참조했습니다.

35『空想から化学へ』英語版序論, マル·エン全集22, p.300 [국역: "영어판 서문(사적유물론에 대하여)"]을 참조했습니다.

36『イギリスの状態』マル·エン全集1, p.607 [《영국의 상태 1: 18세기》].

37 같은 책, p.607.

38『空想から化学へ』英語版序論, マル·エン全集22, p.308 [국역: "영어판 서문(사적유물론에 대하여)"].

39『聖家族』マル·エン全集2, p.132 [국역:《신성 가족》].

40 같은 책, p.133.

41 같은 책, p.133.

42 같은 책, p.135.

43『空想から化学へ』英語版序論, マル·エン全集22, p.307 [국역: "영어판 서문(사적유물론에 대하여)"].

44『フォイエルバッハ論』マル·エン全集21, p.269 [국역:《루트비히 포이어바흐와 독일 고전철학의 종말》].

45「マルクス主義の三つの源泉と三つの構成部分」レーニン全集19, p.4 [국역: 레닌, "마르크스주의의 세 가지 원천과 세 가지 구성 부분", 《카를 마르크스》, 범우사, 2013].

46『自然の弁証法』マル·エン全集20, p.344 [국역: 《자연변증법》].

47 같은 책, p.344.

48『フォイエルバッハ論』マル·エン全集21, p.283 [국역: 《루트비히 포이어바흐와 독일 고전철학의 종말》].

49 같은 책, p.283.

50 같은 책, p.283.

51『自然の弁証法』マル·エン全集20, p.345 [국역: 《자연변증법》].

52『唯物論と経験批判論』レーニン全集14, p.102 [국역: 《유물론과 경험비판론(상)》].

53『自然の弁証法』マル·エン全集20, p.346 [국역: 《자연변증법》].

54『聖家族』マル·エン全集2, p.135 [국역: 《신성 가족》].

55『フォイエルバッハについてのテーゼ』マル·エン全集3, p.592 [국역: "포이어바흐에 관한 테제"].

56『聖家族』マル·エン全集2, p.135 [국역: 《신성 가족》].

57『自然の弁証法』マル·エン全集20, p.346 [국역: 《자연변증법》].

58『反デューリング論』マル·エン全集20, p.22 [국역: 《반 듀링론》].

59 같은 책, pp.58-59.

60「シュミットへの手紙」マル·エン全集原書37, p.493 ["엥겔스가 콘라트 슈미트에게"].

61『ドイツにおける宗教と哲学の歴史に寄せて』[국역: 하인리히 하이네, 《독일의 종교와 철학의 역사에 대하여》, 희화나무, 2019]. 이하 하이네를 인용

한 것은 다른 언급이 없는 한 이 책에서 가져왔습니다.

62 『唯物論と経験批判論』 レーニン全集14, p.235 [국역: 《유물론과 경험비판론(상)》].

63 『ドイツ·イデオロギー』 マル·エン全集3, pp.188-189 ["성 막스", 《독일 이데올로기》 1권 3편에서 인용. 발췌 번역된 국역서에서는 이 글이 없다].

64 『反デューリング論』 マル·エン全集20, p.23 [국역: 《반 듀링론》].

65 「"ケルン新聞"第179号の社説」 マル·エン全集1, p.112 [국역: "〈쾰른신문〉 제179호의 사설"].

66 「エンゲルスからヨーゼフ·ブロッホへ 9月21-22日」 マル·エン全集37, pp.402-403 ["엥겔스가 J 블로흐에게", 1890년 9월 21~22일].

67 『資本論』 第一分册, p.22 [국역: 《자본론 1(상)》].

68 『フォイエルバッハ論』 マル·エン全集21, p.274 [국역: 《루트비히 포이어바흐와 독일 고전철학의 종말》].

69 같은 책, p.274.

70 같은 책, p.273.

71 H·ローゼンベルク 『ヘーゲル観の歴史』 [H 로젠베르크, 《헤겔관의 역사》].

72 같은 책.

73 『フォイエルバッハ論』 マル·エン全集21, p.275 [국역: 《루트비히 포이어바흐와 독일 고전철학의 종말》].

74 같은 책, p.275.

75 「グレーバー兄弟への手紙」 マル·エン全集41, p.429 ["엥겔스가 친구 프리드리히 그래버에게 보낸 편지", 1839년 6월 15일].

76 같은 글, p.445 [1839년 10월 8일].

77 같은 글, p.454 [1839년 10월 29일].

78 같은 글, pp.464-465 [1839년 12월 9일~1840년 2월 5일].

5장

1 学位論文『デモクリトスの自然哲学とエピクロスの自然哲学との差異』補遺を付す, マル·エン全集40, p.188 [국역: 마르크스, 《데모크리토스와 에피쿠로스 자연철학의 차이(맑스 박사 학위 논문)》, 그린비, 2001].

2 같은 글, pp.190-191.

3『シェリングと掲示』マル·エン全集41, pp.236-237 [엥겔스, 《셸링과 계시》].

4 같은 책, pp.236-237.

5『フォイエルバッハ論』マル·エン全集21, pp.276-277 [국역: 《루트비히 포이어바흐와 독일 고전철학의 종말》].

6 같은 책, pp.276-277.

7『シェリングと掲示』マル·エン全集41, pp.237-238 [《셸링과 계시》].

8「イェニー·フォン·ヴェストファーレンからカール·マルクスへ」1843年3月8日以前, マル·エン全集40, p.574 ["예니가 마르크스에게 보낸 편지", 1843년 3월 8일 이전].

9『聖家族』マル·エン全集2, p.94 [국역: 《신성 가족》].

10『フォイエルバッハ論』マル·エン全集21, p.276 [국역: 《루트비히 포이어바흐와 독일 고전철학의 종말》].

11「マルクス主義の三つの源泉と三つの構成部分」レーニン全集19, p.4 [국역: "마르크스주의의 세 가지 원천과 세 가지 구성 부분"].

12「"ケルン新聞"第197号の社説」マル·エン全集1, p112 [국역: "〈쾰른신문〉 제179호의 사설"].

13「『ライン新聞』発行者への手紙」マル·エン全集27, p.354 [마르크스, "〈라인

신문〉 발행자에게 보낸 편지", 1842년 8월 25일경].

14「ヘーゲル法哲学批判·序説」マル·エン全集1, p.415 [국역: 마르크스, "서문", 《헤겔 법철학 비판》, 이론과실천, 2011].

15 같은 글, p.427.

16 같은 글, p.428.

17「フリードリヒ·エンゲルス」レーニン全集2, p.6 [국역: 레닌, "프리드리히 엥겔스", 《레닌저작집 1》, 전진, 1988].

18 같은 글, p.6.

19 같은 글, pp.6-7.

20『フォイエルバッハ論』マル·エン全集21, p.296 [국역: 《루트비히 포이어바흐와 독일 고전철학의 종말》].

21『空想から化学へ』マル·エン全集19, p.187 [국역: 《공상에서 과학으로》].

22 같은 책, p.18.

23「マルクス主義の三つの源泉と三つの構成部分」レーニン全集19, p.3 [국역: "마르크스주의의 세 가지 원천과 세 가지 구성 부분"].

24「青年同盟の任務」レーニン全集31, p.283 [국역: 레닌, "청년동맹의 임무", 《레닌의 청년·여성론》, 함성, 1989].

25「フリードリヒ·エンゲルス」レーニン全集2, pp.5-6 [국역: "프리드리히 엥겔스"].

찾아보기

ㅈ

철학의 근본 문제 유물론 대 관념론
역사적 갈등

지은이 | 타카다 모토무

옮긴이 | 최미선

펴낸이 | 김태훈

편집 | 차승일

표지·본문 디자인 | 김민정

펴낸곳 | 도서출판 책갈피

등록 | 1992년 2월 14일(제2014-000019호)

주소 | 서울 성동구 무학봉15길 12 2층

전화 | 02) 2265-6354

팩스 | 02) 2265-6395

이메일 | bookmarx@naver.com

홈페이지 | chaekgalpi.com

페이스북 | facebook.com/chaekgalpi

인스타그램 | instagram.com/chaekgalpi_books

첫 번째 찍은 날 2024년 1월 12일
두 번째 찍은 날 2024년 3월 29일

값 15,000원

ISBN 978-89-7966-267-2

잘못된 책은 바꿔 드립니다.